KLEINE
KULTURWISSENSCHAFTLICHE
BIBLIOTHEK

JULIO CARO BAROJA

DER INQUISITOR, DER EROBERER, DER HERR

Drei Berufsbilder aus der spanischen Geschichte

Aus dem Spanischen von
Susanne und Gerhard Herrera

Verlag Klaus Wagenbach Berlin

Der Inquisitor, der Eroberer, der Herr
erschien im November 1990 als Band 25 der Reihe
KLEINE KULTURWISSENSCHAFTLICHE BIBLIOTHEK

Die Übersetzung wurde aus Mitteln der
Dirección General del Libro y Bibliotecas
beim spanischen Kulturministerium gefördert.

 Umschlaggestaltung Rainer Groothuis unter Verwendung eines Szenenfotos aus *Aguirre, der Zorn Gottes* (Stiftung Deutsche Kinemathek, Berlin). Typographie: Ulrike Eckel. Gesamtherstellung durch die Druckerei Wagner, Nördlingen. Gesetzt aus der Borgis Trump Mediaeval. Printed in Germany. ISBN 3 8031 5125 2.

Inhalt

Kapitel 1

DER »HERR INQUISITOR«

Kapitel 2

LOPE DE AGUIRRE, »DER VERRÄTER«

Kapitel 3

PEDRO DE URSÚA ODER DER RITTER

KAPITEL 1

DER »HERR INQUISITOR«

Die Inquisition ohne ihre Inquisitoren

Viel wurde bereits über die spanische Inquisition geschrieben, mehr noch über die Inquisition im allgemeinen. Für viele ist das überaus lange Bestehen des Heiligen Offiziums das größte Hindernis für eine objektive Beurteilung des Katholizismus'. Andererseits finden wir bereits ab dem 16. Jahrhundert eben nicht nur systematische gottlose Lästerer gegen dieses Tribunal sondern auch aufrichtige Katholiken, die einige der Verfahrensweisen und ihre Konsequenzen zumindest anzweifeln oder nicht mit ihnen einverstanden sind. Man muß nicht Protestant oder Jude sein, um gewisse Dinge wie die Geheimhaltung der Identität von Denunzianten oder die sich bis auf die Nachkommen auswirkenden Strafen ungerecht oder gefährlich zu finden.

Die Hauptperson eines Tribunals tritt in den zahlreichen verteidigenden, herabsetzenden, geschichtswissenschaftlichen oder kritischen Werken über die Inquisition kaum in Erscheinung. Lediglich die Schriftsteller mit ihrem sicheren Instinkt erwähnen ihn, aber auch sie machen sich nicht die Mühe, sich näher mit ihm zu beschäftigen oder gar bis zum Grund seines Wesens vorzustoßen. Die Rede ist hier von den Inquisitoren, wohl gemerkt, *den* Inquisitor*en*, im Plural. *Der* Inquisitor ist bereits oft erwähnt worden. Als Inquisitor schlechthin gelten Torquemada oder Kardinal Cisneros. Der *Großinquisitor* kann ein weniger bekannter Prälat, ein bürokratischer Kardinal wie Kardinal Espinosa, Don Fernando Niño de Guevara oder Kardinal Zapata sein. Aber wer waren die gewöhnlichen Inquisitoren? Vom Ende des 15. Jahrhunderts bis zu Beginn des 19. Jahrhunderts waren sie eine ganz normale Erscheinung des spanischen Lebens. In Toledo, Sevilla, Granada, Cuenca usw. sah man sie spazierengehen, mit Domherren und Gelehrten, Rittern und Adligen, mit einfachen aber auch mit eingebildeten Leuten plaudern. Diese Inquisitoren hatten ihr Amt über eine mehr oder weniger lange Zeit inne, davor und danach gingen sie anderen Tätigkeiten nach. Manchmal geriet ihre berufliche Laufbahn ins Stokken. Waren diese Inquisitoren nur ein bloßes Rädchen in einem komplizierten Mechanismus und festen, allgemein gültigen Prinzipien unterworfen? Oder handelte es sich doch um Menschen mit einer eigenen, ja eigenständigen, Persönlichkeit? Wo soll unsere Untersuchung über diese Inquisitoren ansetzen? Bei ihrem Wesen als »Beamte«, das heißt, ihrer *allgemein gültigen* Seite, oder bei dem, was sie als Mensch, als eigenes *Ich* auszeichnete? Wir sollten uns wohl zunächst näher mit der Spezies oder dem *genus inquisitorum* befassen, wenngleich wir hierfür auf einige konkrete Beispiele eingehen werden[1].

Beginn der beruflichen Laufbahn

Wir schreiben das Jahr 1500, 1550, 1600 ... In irgendeiner Stadt oder irgendeinem Dorf in Spanien wird im Schoß einer Familie von »ehrbaren« Altchristen oder zumindest Leuten, die sich dafür halten, die sich nie mit »Juden, Mauren oder Ketzern gemischt haben«, ein Kind geboren. Es ist ein ziemlich aufgeweckter Junge, mit Verwandten im Klerus und Richterstand oder protegiert von einem Gelehrten, einem Prälaten oder sonst einem Würdenträger. Bis zu seinem fünfzehnten Lebensjahr lernt er, was ihm vorgesetzt wird, ohne dafür den familiären Bereich zu verlassen. Er kann nun lesen und schreiben, ein wenig Grammatik und, mehr oder weniger rudimentär, die lateinische Sprache. Dann jedoch wird er, da seine Lehrer ihn für begabt genug halten, zum Studium an eine Universität geschickt. Ihm stehen nun lange Jahre bevor (vom fünfzehnten oder sechzehnten bis etwa zum sechsundzwanzigsten Lebensjahr), in denen er seine Erfahrungen in den Hörsälen der Universitäten machen wird.

Über diese spanischen Hörsäle, die des 16. Jahrhunderts, ist sehr viel Gutes gesagt worden, über die des 17. und 18. Jahrhunderts jedoch ebensoviel Schlechtes. Wir können davon ausgehen, daß es zur Zeit Karls V. und auch Philipps II. an den Hochschulen der Halbinsel eine Fülle an herausragenden Männern gab. Keinesfalls jedoch sollten wir annehmen, daß sie ebenso ruhig und gesetzt waren. Fray Luis de León sang zwar das unbesorgte Lied desjenigen, der sich vom Lärm der Welt zurückgezogen hat, sein Leben spielte sich jedoch in der dichten Atmosphäre der Hochschule ab und war von Streitgesprächen, Wettbewerben und beunruhigenden Ereignissen gekennzeichnet. Über seine größten Feinde, León de Castro und Fray Bartolomé de Medina, hat die Nachwelt vernichtend geurteilt, aber es darf nicht unerwähnt bleiben, daß Fray Luis dem León de Castro damit gedroht hatte, ein Buch verbrennen zu lassen, das dieser alte, manisch veranlagte Mann, mit größter Sorgfalt zusammengestellt und unter großen Kosten gedruckt hatte, während er mit Fray Bartolomé (dem Schöpfer des Probabilismus bezüglich des Gesagten und Wiederholten) häufig wegen Eifersüchteleien über Rangordnung und berufliche Dinge heftig aneinandergeriet[2]. Die Universität war eine Schule der intellektuellen Gewalt. In ihr entwickelte sich eine Art *Hybris*, eine intellektuelle »Selbstüberhebung«, und die größten Gestalten aber auch die Schwätzer (die es natürlich gab) bewogen auf die eine oder andere Art die Studenten, aus ihrem Schattendasein zu treten. Denunziation war an der Tagesordnung. Wir wissen von dem erwähnten Fray Bartolomé de Medina, daß er einmal seine Schüler zusammenrief, damit sie Aussagen, die sie in den Vorlesungen seiner Rivalen und verhaßten Gegner gehört hatten, denunzierten[3].

Die spanische Universität bildete hier keine Ausnahme. Aber auch wenn sich die weisen Dominikaner, Augustiner, Franziskaner oder Hieronymiten, die an den Lehrstühlen für klassische Literatur und Recht fast noch mehr als an den Lehrstühlen für Theologie glänzten, für gute Christen hielten, so nutzten sie doch ihre großen Begabungen nicht immer im reinen Geist des Evangeliums. Die Universität des 16. Jahrhunderts mußte ihren Tribut für die großen irdischen Erfolge zahlen. Die Hochschule der nächsten Jahrhunderte verkam zu einer kümmerlichen Karikatur. Das Studium bot eher Gelegenheit, Straßenkapellen und musikalische Umzüge zu organisieren sowie barocke und gespreizte Wettbewerbe zu veranstalten, als gute und ehrenwerte Hochschulabsolventen hervorzubringen.

Hier nun finden wir unseren Studenten wieder, mitten im lärmenden Treiben der Universität. Er lernt, sophistisch zu reden, zu disputieren, Gedanken zu klassifizieren und zu bewerten und die Ohren zu spitzen.

Sein Latein muß er noch vervollkommnen, dann wird er fünf Jahre »Recht« hören, womöglich noch ein paar Jahre über Konklusionen disputieren und sich an Auswahlverfahren für freigewordene Stellen an Schulen beteiligen. So stellt sich uns, im Überblick, das Studium des damaligen – und auch des heutigen – jungen Studenten in Spanien dar.

Im 16., im 17., wie auch im 18., im 19. und im 20. Jahrhundert kommt es in erster Linie darauf an, als Wunderkind oder doch zumindest als für eine eingeschränkte und interessierte Öffentlichkeit vielversprechender junger Mann zu gelten. Unser Student hat sein Staatsexamen als Rechtsgelehrter abgelegt, dann promoviert er, falls sich ihm Gelegenheit dazu bietet. Als Mitglied der Anwaltskammer *liest* er bereits an Schulen und hat Lehrstühle inne, sei es tatsächlich oder nur um des Sammelns willen. Einige ältere Dozenten unterstützen, ja loben ihn sogar. Dieses Lob wird nicht vergessen, man trägt es überall mit sich herum, auch schwarz auf weiß[4]. Der junge Gelehrte besitzt auch eine Neigung zur Theologie. Vielleicht ist er der Auffassung, daß die kirchliche Laufbahn verläßlichere Aufstiegschancen als die Tätigkeit eines reinen Juristen bietet. Hier scheinen wir auf ein charakteristisches Merkmal dieser Berufung, dieses Berufes, zu stoßen. In Wirklichkeit handelt es sich aber auch um ein oft irrtümlich gedeutetes Merkmal. Wir stellen uns die alten mittelalterlichen Inquisitoren als von glühendem Glauben erfüllte Mönche vor, entschlossen, jeden Ketzer aus rein theologischen Beweggründen heraus auszulöschen. Der Inquisitor des 16. und des 17. Jahrhunderts, der amtliche Inquisitor, kommt ohne diese apokalyptischen Wesensmerkmale aus. Der italienische Rechtsgelehrte Zanardo hat die Auffassung vertreten, daß die Inquisitoren eher Theologen als Juristen wären, da sie ja über ketzerische Aussagen zu entscheiden hätten. Aber schon 1545 schrieb ein junger Cordobese, Diego de Simancas, der eine »glänzende Laufbahn« als Inquisitor einschlagen sollte und gerade zum Zensor des Heiligen Offiziums ernannt worden war, bei der Arbeit an einem Buch über das *Inquisitionsrecht*, daß man *aufgrund der in Spanien gemachten Erfahrungen* zu dem Schluß gekommen sei, »es wäre nützlicher, Juristen und nicht Theologen als Inquisitoren zu wählen«. Ein berühmter Kasuist des 17. Jahrhunderts bestätigt dies: »Selbstverständlich müssen sie mehr Dinge als Juristen denn als Theologen tun«[5]. Dies dürfte Ausdruck der Unterschiede zwischen der italienischen und der spanischen Spielart der Inquisition sein[6]. Sind wir uns bewußt, was dies tatsächlich bedeutet? Es handelt sich hier um einen fundamentalen Aspekt für das Verständnis des Geistes des spanischen Heiligen Offiziums. Natürlich hatte der Inquisitor als Richter theologische Berater zur Seite, die jeweils auf ganz bestimmte Gebiete spezialisiert waren und die Verantwortung für die Einschätzungen, die »Qualifizierungen«, trugen. Nach Aussage Diego de Simancas wurden jedoch aufgrund der in Spanien gemachten Erfahrungen die Juristen den Theologen vorgezogen, wenn es darum ging, über Verstöße gegen den Glauben zu urteilen. Damit zeigt sich, daß der Inquisitor zunächst und vor allem *Jurist* war. In einem Zeitalter, in dem Europa von theologischen Disputen erschüttert wurde, mußte es selbstverständlich ganz bestimmte Vor- wie auch Nachteile haben, die Geschäfte des Glaubens in den Händen von Rechtsgelehrten zu lassen. In juristischen Abhandlungen, wie denen von Simancas und anderen Spezialisten der Epoche auf dem Gebiet der rechtlichen Unterdrückung von Ketzerei findet sich ebensowenig Wohlwollen gegenüber Ketzern wie in rein theologischen Werken. Der Ketzer ist eine giftige Bestie. »Haeretici tanquam animalia venenosa et pestifera, antequam virus evomant, sunt puniendi.«* Dies ist nur einer von Tausenden ähnlicher »Gedanken« Don Diegos[7]. Aber die Theorie und die Praxis sehen nicht immer gleich aus. Der Inquisitor gelangte in sein Amt, nachdem er bereits etliche Jahre für das Tribunal tätig gewesen und entsprechende Erfahrungen gesammelt hatte. Er hatte vielleicht sein Wissen als *Consultor* (Gutachter) oder *Calificador* (Zensor) oder aber als *Fiscal* (Ankläger) unter Beweis gestellt. Simancas hatte seine Laufbahn im Heiligen Offizium als Zensor[8] begonnen. Viele Jahre später wurde ein Mitglied derselben Anwaltskammer von Santa Cruz de Valladolid, der auch Simancas angehörte, ein gewisser Diego Sarmiento de Valladares – eine bekannte Persönlichkeit der Epoche Karls II. –, nachdem er die Kammer verlassen hatte, Ankläger in Valladolid, dann Inquisitor bei diesem Tribunal und Mitglied der Suprema. Seiner Ernennung zum Bischof von Oviedo folgte die zum Bischof von Plasencia, und schließlich wurde er *Großinquisitor*, ein Amt, das er viele Jahre innehatte[9]. Diese Karriere des galicischen Prälaten, der von Feijoo** in den höchsten Tönen gelobt wurde, ist wirklich außergewöhnlich und hätte selbst Simancas mit Neid erfüllt. Üblicherweise wurde der Inquisitor, nachdem er seine Ordination angenommen hatte, Domherr, oder zuletzt gar Bischof. Als solcher konnte er einige der am höchsten angesehenen Ämter der Inquisition ausüben und schließlich Mitglied *(Consejero)* der Suprema werden.

Ein anderer Bischof von Badajoz (auch Simancas hatte dieses Amt innegehabt), der 1628 in Nájera in der Rioja geborene Juan Marín de Rodezno, kam bereits als junger Mann in den Genuß klerikaler Beziehungen. So studierte er in Granada unter dem Schutz seines Onkels Francisco Marín, Abt in Roncesvalles und Präsident des Obergerichtes von Granada. 1653 wurde er Mitglied der Anwaltskammer von Cuenca, 1655 ernannte man ihn zum Ankläger der Inquisition in Córdoba. Später wurde er Inquisitor in Granada und war dort viele Jahre als *Vorsitzender* des Tribunals tätig. Erst 1681 wurde er Bischof der dortigen Diözese. Er starb als solcher am 12. Ja-

* »Ketzer sind sowohl giftige wie auch unheilvolle Kreaturen. Bevor sie ihr Gift versprühen, sind sie zu bestrafen.« [AdÜ]

** Fray Benito Jerónimo Feijoo y Montenegro (1676-1764), »Der spanische Voltaire«. Benediktiner und Universalgelehrter, dessen Werk zahlreiche Polemiken der Traditionalisten hervorrief, obwohl es dogmatisch-kirchliche spanische Tradition und kritisch-aufklärerischen Fortschritt miteinander verband. [AdÜ]

nuar 1706[10]. Sein Nachfolger wurde ein Prälat, der Vorsitzender des Inquisitionsgerichtes von Murcia gewesen war[11]. In die Amtszeit eines Bruders von Marín, eines gewissen Francisco, als Inquisitor von Granada fiel der denkwürdige Prozeß gegen einen Einsiedler. Um die Verehrung für die Virgen del Triunfo zu beleben, verfiel er auf den Gedanken, Schmähschriften neben dem Bildnis dieser Jungfrau am Elvira-Tor anzubringen. Francisco Maríns Entscheidung in dieser Angelegenheit wurde von Sachkennern[12] wie Juristen einhellig gefeiert. Befassen wir uns jedoch zunächst mit dem niedrigsten Amt.

Die Tätigkeit des Anklägers als eine eher *jugendliche* Tätigkeit zu bezeichnen, zeugt von pragmatischer Weisheit. Tatsächlich hatte der Ankläger lediglich die belastenden Zeugenaussagen zusammenzufassen, ihnen eine systematische Struktur zu geben und sie dann als »von Amts wegen« wahr anzusehen. Der Ankläger forderte stets die strengstmöglichen Strafen, das hieß häufig, daß man den Angeklagten dem weltlichen Arm überantwortete, was dem Tod auf dem Scheiterhaufen gleichkam. Der Ankläger mußte mit dem kanonischen Recht bestens vertraut sein und Kenntnis von den zur Last gelegten Delikten haben. Er hatte stets eng mit den Richtern[13] sowie mit anderen am Verfahren beteiligten Juristen zusammenzuarbeiten.

Am Provinzgericht, von dem nun die Rede ist, standen den Angeklagten Anwälte und mitunter Prozeßvertreter zur Verfügung[14]. Diese Anwälte erscheinen in den Prozessen gewöhnlich als Männer mit im allgemeinen weniger glänzender Karriere als die Ankläger oder Inquisitoren. Der Verteidiger konnte bei seiner Tätigkeit nicht auf die Möglichkeiten der heutigen Anwälte in Straf- und Zivilprozessen zurückgreifen. Er beschränkt sich darauf, den Angeklagten in Verfahrensfragen zu beraten. So rät er ihm, möglichst schnell seine Schuld einzugestehen oder mildernde Umstände anzuführen. Manchmal wagt er es auch, die Anklagepunkte zurückzuweisen, jedoch keineswegs in dem Maße, wie heutzutage ein Verteidiger vor einem gewöhnlichen Gericht. Am ehesten läßt er sich mit dem Verteidiger beim Schnellverfahren eines Kriegsgerichts vergleichen.

Der amtliche Inquisitor

Gemäß den gesetzlichen Vorschriften, nach denen sich die Inquisitoren ursprünglich zu richten hatten, durfte das Amt nicht von Männern unter vierzig ausgeübt werden. In einer Abhandlung über dieses Thema lesen wir: »in ea aetate solent esse hominis prudentissimi«*[15]. Das Mindestalter wurde schließlich in Spanien auf dreißig Jahre gesenkt[16], ein Anzeichen für eine Neustrukturierung der amtlichen Laufbahn. Auf diese Weise werden der fleißigen Jugend, die sich nach Ämtern und Pfründen in einem im Notstand befindlichen Staat sehnt, neue Horizonte eröffnet. Der Provinzinquisitor, der mit »Reverendísimo Señor« – etwa »Hochehrwürden« – anzureden ist, arbeitet üblicherweise mit zwei Kollegen zusammen, wobei der Älteste von ihnen den

* »In diesem Alter pflegen sie äußerst erfahrene Männer zu sein.« [AdÜ]

Vorsitz innehat. Ihre »scientia«[17] und ihre »prudentia«[18] gelten als vorausgesetzt, erstaunlicherweise stoßen wir jedoch in verschiedenen Abhandlungen auf eine besondere Betonung der *Ehrbarkeit* und *Rechtschaffenheit*, nach der sie zu leben haben[19]. Dieselben Ansprüche, die man an den weltlichen Richterstand stellte, galten auch für den der Inquisition: Besonnenheit, Bescheidenheit, Geduld, Sanftmut, Fleiß, Milde und ein felsenfester Glaube an die Justiz. Zur Zeit Philipps II. wurde ein Typus des Richters geschaffen, der vorgab, dieses Ideal zu repräsentieren. Es wird erzählt, daß Diego de Covarrubias, von El Greco porträtierter Bischof von Segovia und Präsident des Obersten Verwaltungsgerichtshofes, es sich zur Gewohnheit gemacht hatte, Kandidaten für richterliche Ämter zum Mittagessen einzuladen, um festzustellen, wie sie sich *nach dem Essen* in punkto Bescheidenheit gaben. Philipp II. seinerseits war davon überzeugt, daß er bei der Besetzung derartiger Ämter stets eine glückliche Hand hatte[20]. Wir stellen uns die Inquisitoren nach Kretschmers Klassifizierung als Astheniker vor, als Männer von *vertikaler Struktur*, keineswegs als athletischen oder pyknischen Typus. Dies ergibt sich schon aus den Rahmenbedingungen ihres Berufes. So lesen wir:

»Den Inquisitoren und anderen Amtsträgern des Heiligen Offiziums ist es unter Androhung von Exkommunikation, Enthebung aus ihrem Amt, doppelter Ersatzleistung und anderen Strafen nicht nur verboten, Geld anzunehmen, sondern auch Speisen und Getränke«[21]. Also keinerlei Ausschweifungen. Die Inquisitoren arbeiteten tatsächlich mit vielen untergeordneten Personen, die mehr oder weniger wichtige Tätigkeiten verrichteten, zusammen. Neben einigen ihnen überstellten Vikaren[22], benötigten sie einen *Notario*, eine Art Schreiber, der die Protokolle der Sitzungen oder Verhandlungen verfaßte, Denunziationen und Zeugenaussagen entgegennahm und unterzeichnete: All dies unter strengster Geheimhaltung. Das Amt des Schreibers besaß außerordentliches Gewicht, und Protokolle, die von anderen Beamten verfaßt worden waren, wurden deswegen bisweilen für nichtig erklärt[23]. Andere bedeutende Vertrauensposten waren der *Receptor* oder *Tesorero*, eine Art Schatzbeamter des Heiligen Offiziums[24], sowie die ihm unterstellten Personen. Daneben gab es noch Türwächter und Boten[25], Gefängniswärter, an ihrer Spitze die Kerkermeister[26], und Ärzte. Ganz zu schweigen von einem ganzen Heer von Vertrauensleuten oder Spitzeln, den sogenannten *Familiares*[27], die es selbst im kleinsten Dorf gab, sowie von einem nach Anzahl und Aufgaben variablen Personal, das in den allgemeinen Abhandlungen nicht erwähnt wird. Ein Beispiel: In Sevilla wurden im 16. Jahrhundert die drei amtierenden Inquisitoren unterstützt von einem Ankläger, einem Richter für konfisziertes Vermögen, vier Sekretären, einem Schatzmeister, einem Gerichtsdiener, einem Anwalt der Anklagebehörde, einem Kerkermeister der Geheimverliese, einem Geheimschreiber, einem Buchhalter, einem Schreiber am Gericht für konfiszierte Güter, einem Boten, einem Türwächter, einem Kerkermeister des Gefängnisses für lebenslänglich Verurteilte, zwei Kaplanen, sechs theologischen Beratern, sechs juristischen Beratern, einem Arzt sowie einem Schwarm von subalternen Beamten[28]. Mit weniger kam ein derart bedeutendes Gericht nicht aus. Die Ämter waren leidlich dotiert.

So erhielt ein Inquisitor in jener Zeit ein Jahresgehalt in Höhe von 100 000 Maravedis zuzüglich 50 000 als Ausgleich für Kosten und andere Lasten. Der Arzt verdiente etwa 50 000 Maravedis[29]. Die nach 1525 vom König benannten Richter des Tribunals bezogen ebenfalls ein Gehalt von 100 000 Maravedis[30]. Besaß der Inquisitor jedoch darüber hinaus irgendeine Domherrenpfründe, so hatte er wirkliche Macht, denn eine derartige Pfründe in Sevilla brachte über 2000 Dukaten[31], ein Vielfaches des Gehalts eines Inquisitors.

Das Leben des Inquisitors spielte sich im Rahmen zweier sich ergänzender Aktivitäten ab. In der Bezirkshauptstadt hielt er für gewöhnlich morgens eine Sitzung ab, nachmittags folgte eine zweite. Während der Verhandlungen nahm er Zeugnisse entgegen und trieb anhängige Verfahren voran. Aber mitunter verließ er auch den Sitz des Tribunals, um seinen Bezirk zu besuchen. Dabei handelte es sich entweder um Inspektionsreisen, oder es gab irgendeinen Grund, der die Entsendung von Sonderkommissionen erforderte.

Die rechtliche Zuständigkeit der Inquisitoren war umfassend, aber womöglich noch größer war die Zahl der Delikte, auf die sie sich erstreckte. Viele dieser Delikte konnten nur zum Teil als Verstöße gegen den Glauben angesehen werden.

Ein Theologe des 16. Jahrhunderts hat sie folgendermaßen unterteilt:

Häresie:

- ketzerische Aussagen;
- irrige Aussagen;
- vermessene Aussagen;
- anstößige Aussagen.

Ketzerische *Laster*:

- Abfall vom Glauben;
- Abfall von der Religion unter bestimmten Umständen;
- verschiedene Formen ketzerischer Blasphemie;
- Schismen;
- Wahrsagerei und Zauberei;
- Anrufung von Dämonen, Hexerei und Beschwörungen;
- Sterndeuterei und Wahrsagerei aus den Linien der Hand;
- Abhalten von Gottesdiensten oder Abnahme von Beichten durch Laien;
- Beichtväter, die um Frauen werben;
- Geistliche, die die Ehe schließen;
- Bigamisten;
- Herabwürdiger von Kirchenglocken und Personen, die gegen Exkommunikationsurkunden verstoßen;
- Personen, die länger als ein Jahr exkommuniziert werden;
- Personen, die gegen Fastenbestimmungen verstoßen und Personen, die österliche Vorschriften mißachten;
- Personen, die bei der Kommunion viele Hostien oder nur Teile einer Hostie entgegennehmen;
- Personen, die über verbotene Fälle disputieren;
- Aufwiegler und Personen, die Ketzer verteidigen oder bei sich aufnehmen;

– Richter, die Verfügungen erlassen, die der inquisitorischen Rechtsprechung zuwiderlaufen.

Anfänglich entschied die Inquisition auch über Fälle von Wucherei, einige Gerichte – wie die von Portugal – behandelten sogar Fälle von Sodomie[32]. Noch im 17. Jahrhundert verbrannte man in Spanien wegen dieses Lasters Verurteilte, und hierüber kursieren nicht wenige blutrünstige Witze[33]. Alle diese Fälle wurden jedoch stets nach dem alten Zivilrecht entschieden.

Mitunter konnten die Inquisitoren ihre Gerichtsbarkeit auch auf nicht getaufte Juden oder Mauren ausdehnen[34], natürlich je nach Epoche in unterschiedlichem Maße. Auch waren die Anteile der jeweiligen Delikte, die die verschiedenen Inquisitoren zu ahnden hatten, nicht immer gleich. So wächst und schrumpft die Persönlichkeit des Inquisitors, wird sympathischer oder weniger sympatisch, je nach dem konkreten Gegenstand, über den er zu befinden hat. Gerade die Art und Weise, mit der er bestimmte Dinge handhabt, läßt den Schluß zu, daß dieser Beruf des Inquisitors vielleicht sogar nützlich war. Die meisten Inquisitoren, die ihr Amt bis Mitte des 18. Jahrhunderts ausübten, starben, ohne auch nur für einen Augenblick an ihrer Bedeutung und ihrer Vortrefflichkeit zu zweifeln. Sie konnten sich sogar in dem Bewußtsein sonnen, furchterregenden Respekt eingeflößt zu haben. Davon sind auch einige Geschichten und Anekdoten überliefert, wie die des Bauern, der, als er davon hörte, daß ein Inquisitor die Früchte eines seiner Obstbäume gelobt hatte, den Baum ausriß und dem Inquisitor als Geschenk zukommen ließ[35]. Der Herr Inquisitor stirbt in Frieden und stets im Bewußtsein, seine Pflicht erfüllt zu haben. Hier ein Beispiel, das diesen Gedanken der erfüllten Pflicht vortrefflich symbolisiert. In der Kapelle des Heiligen Anton in der Kirche von San Vincente de la Barquera, stoßen wir auf eine der schönsten Renaissance-Grabskulpturen Spaniens. Ein Mann im Talar ruht auf einer Aschenurne. Er neigt den Kopf, auf dem ein Birett sitzt, und stützt die Schläfe in seine rechte Hand. Er ist in ein Buch vertieft. Zu beiden Seiten der Urne halten zwei weinende Putten oder Kobolde Tafeln, auf denen folgende Worte stehen: »Der hier begraben liegt, ist nicht tot, er starb für das Leben.« In der Mitte hält ein Engel das Wappen der Familie Corro, die die Kapelle gebaut hat. Der Wappenspruch dieses Geschlechtes ist typisch für den Norden, für die Gebirgsbewohner oder für Biskaya: »Adelante *por más valer* los del Corro«*. Der Priester, den die Skulptur abbildet, war in seinem irdischen Leben der Lizenziat Don Antonio del Corro, Domherr und Inquisitor zu Sevilla. Er starb am 29. Juli 1556 im Alter von vierundachtzig Jahren und war noch zu Lebzeiten der Katholischen Könige zum Inquisitor benannt worden. Dies muß vor seinem dreiunddreißigsten Lebensjahr gewesen sein, denn die Königin Isabella starb 1504[36]. Über fünfzig Jahre wohnte dieser Inquisitor Sitzungen, Folterungen, Autodafés mit und ohne Verbrennungen von Ketzern bei: Er war Zeuge zahlreicher Tragödien. Und dennoch umgibt diesen Streiter gegen die ketzerische Ruchlosigkeit[37] eine Aura sanftmütiger Ruhe.

* »Vorwärts, ihr Corros, seid mehr wert!« [AdÜ]

Seine Vorliebe galt zweifellos den Büchern, da er den Renaissance-Bildhauer angewiesen hatte, sein lesendes Ebenbild zu verewigen. Aus einer anderen Quelle wissen wir, daß er gewisse Sympathien für die Lehre von Erasmus empfand, wohlgemerkt noch vor der tridentinischen, besser gesagt philippischen, Epoche, die der spanischen Inquisition einen unlöschbaren Stempel aufprägte. Unser Lizenziat der Corros, der am Prozeß des Ägidius teilnahm und einen protestantischen Verwandten hatte, ist noch eine Gestalt der Renaissance[38], so wie auch andere Inquisitoren seiner Zeit: zum Beispiel Fray Antonio de Guevara oder gar der Großinquisitor Manrique, Erzbischof von Sevilla, die beide zwei Gesichter hatten: Lächeln und freundliche harmlose Zerstreuung auf der einen, Terror und Unterdrückung auf der anderen Seite.

Aus den ersten Jahren der Tätigkeit Manriques als Erzbischof von Sevilla stammt beispielsweise die riesige lateinische Inschrift, verfaßt vom Erzdiakon Diego López de Cortegana, in der unter anderem zu lesen ist, daß innerhalb eines relativ kurzen Zeitraums der Tätigkeit des Inquisitors mehr als zwanzigtausend Ketzer ihrem schändlichen Verbrechen der Häresie abschworen, während *mehr als eintausend Widerspenstige von Rechts wegen dem Feuer übergeben und verbrannt wurden*[39]. Der Erzdiakon, der die Inschrift verfaßt hatte, die auf Anweisung Karls V. im Jahr 1524 am Tor der Burg von Triana angeschlagen wurde (sie wurde später an einen anderen Ort gebracht), vertrieb sich seine Freizeit damit, den *goldenen Esel* von Apuleius zu übersetzen ... und der Erzbischof galt wie gesagt als liebenswürdiger Mann von *sanfter Wesensart* und großer Förderer der Geisteswissenschaften[40].

Die Suprema und ihre Consejeros

An diesem Punkt möchte ich einige zusätzliche Anmerkungen über die höchste Stufe der Inquisitorenlaufbahn machen. Neben und über den Inquisitionsbehörden der Provinzen agierte die Suprema. Ihr Vorsitzender war der Groß- oder Generalinquisitor. Ihm zur Seite standen die sogenannten *Consejeros*, die unter ehemaligen Provinzinquisitoren oder erfahrenen Rechtsgelehrten und Prälaten benannt wurden. Aufgrund eines von Philipp III. erteilten Privilegs vom 16. Dezember 1618, hatte sich unter ihnen von diesem Tag an stets ein Vertreter der Dominikaner zu befinden[41].

Die schwierigsten Fälle, die Fälle von Berufungen, Fälle, bei denen es zu unterschiedlichen Auffassungen kam, die große Zweifel aufkommen ließen oder sich auf Delikte der Mitglieder des Heiligen Offiziums bezogen, wurden von der Suprema geprüft, die auch die Urteile bestätigte. Jedes Jahr wurden ihr darüber hinaus die Berichte der Inquisitionsbehörden der Provinzen vorgelegt, die über den Gang der Prozesse sowie über die Zahl der Angeklagten, der Gefangenen usw. informierte. Monatlich wurde ein Rechenschaftsbericht über die Finanzen erstattet. Der Rat der Suprema, einer der bedeutendsten des Reiches, trat montags, mittwochs und freitags am Morgen, dienstags, donnerstags und samstags am Abend zusammen. An den Abendsitzungen nahmen auch zwei Consejeros aus Kastilien teil[42]. Schwerwiegende Fälle erforderten oft harte Arbeit seitens der Mitglieder der Suprema. So zum Beispiel 1528, als man in der Angelegenheit der Hexen von Navarra zu entscheiden hatte[43], oder später, beim Prozeß gegen die Judaisierenden* von Murcia, der von Fray Luis de Valdecañas geleitet wurde[44], oder gegen die Lutheraner von Valladolid (1588)[45]. Die Consejeros erörterten den jeweiligen Fall und stimmten dann dem Alter nach ab, zuerst der Dienstjüngste und zuletzt der Dienstälteste. Manchmal wurden außerordentliche Sitzungen einberufen, an denen sich auch Mitglieder anderer Tribunale beteiligten[46]. Man verwandte jedoch nicht all seine Zeit auf derartige Angelegenheiten. Das Heilige Offizium war eines der Tribunale, das am häufigsten Gegenstand von Diskussionen und Streitigkeiten in Dingen der Rangordnung, der Positionen und der Ehrenbezeigungen war. So kam es mit den Bischöfen, den Obergerichten und deren Mitgliedern sowie den Städten und Gemeinden zu schweren und lang andauernden Auseinandersetzungen über Etiketten- und Ehrenfragen. Die Inquisitoren selbst legen Zeugnis davon ab, wie viel Bedeutung sie dem beimaßen. So brüstet sich Simancas damit, in wie kurzer Zeit er es zu demjenigen Mitglied der Suprema gebracht hatte, das als letzter abstimmen durfte[47]. Der Pomp der Autodafés, der Prozessionen und aller anderen Zeremonien brachte tausend Pflichten mit sich, die nichts mit der spezifischen inquisitorischen Funktion zu tun hatten.

Eine unbefriedigende Karriere

Die Inquisitoren, die uns aus der Geschichte am besten bekannt sind, waren für gewöhnlich die Widerwärtigsten oder die Schrecklichsten. Das beste Beispiel hierfür ist Torquemada. In geringerem Maße läßt sich als Provinzinquisitor auch Lucero anführen, der zu seiner Zeit den Beinamen »Tenebrero«, der »Finstere«, trug. In beiden Fällen handelte es sich jedoch noch um Nicht-Juristen, Inquisitoren aus Leidenschaft könnte man sagen. Der eine, ein Dominikanermönch, gab dem Heiligen Offizium seine Grundstruktur, um dann den Weg für die Rechtsgelehrten frei zu machen. Bei dem anderen handelte es sich um einen korrupten, irrsinnigen Priester, wie es die Briefe Pedro Martír de Anglerías eindeutig belegen[48]. Hier ist anzumerken, daß, wenngleich Lucero bald als unrein handelnder Mensch angesehen wurde, das Urteil über Torquemada seitens der der Vergangenheit verhafteten Spanier ganz anders ausfiel. Esteban de Garibay bezeichnete ihn als »heilig und verehrungswürdig«. Garibay war es auch, der zur Zeit des Inquisitors Quiroga (Anfang 1586) veranlaßte, daß die Grabstätte Torquemadas wieder an ihren ursprünglichen Platz verlegt wurde. Der ehrbare Chronist teilt uns mit, daß die Verdienste dieses ersten Großinquisitors enorm waren und daß er gewünscht hätte, ihm »für viele Tausend Dukaten ein Grabmal, das seiner würdig gewesen wäre« zu errichten[49].

* Zum Christentum Bekehrte, die heimlich den jüdischen Glauben weiterpraktizieren. [AdÜ]

Wenn wir das Rad der Geschichte ein wenig weiter drehen, treffen wir auf den Typus von Spanier, für den die verschiedenen Grade der Inquisitorenlaufbahn nur den entsprechenden Stufen einer beruflichen Karriere gleichkommen, die in etwa nach dem spanischen Sprichwort verläuft, das da lautet: »Willst du vorwärts kommen, dann geh zur Kirche, zur See oder an den Hof«[50]. Viele Söhne aus einfachen Adelshäusern, ja sogar aus nichtadligen Familien hatten über die Kirche außergewöhnlich bedeutende Positionen erreicht, und nicht wenige zeigten unverhohlen ihre Ambitionen und auch ihre Ungeduld, was ihre Laufbahn in schwindelerregende Höhen anging.

Über verschiedene große Prälaten aus der Zeit Karls V. und Philipps II. werden Anekdoten erzählt, die deren großen beruflichen Ehrgeiz widerspiegeln. So berichtet Luis de Pinedo, daß Fray García de Loaysa, Kardinal und Erzbischof von Sevilla (über dessen hochfahrendes Wesen viele Geschichten kursieren), als Siliceo die Erzbischofswürde von Toledo erhalten hatte und er, *zum Ausgleich* Generalinquisitor wurde, den Rittern, die ihm die frohe Botschaft brachten, mürrisch erwiderte: »Von wegen frohe Botschaft! Aber wenigstens habt ihr mir ein Amt gegeben, kraft dessen ich euch verbrennen kann«[51]. Diesem Geistlichen bedeutete das Amt des Großinquisitors zweifellos nicht sehr viel. Auch Kardinal Espinosa, Generalinquisitor zur Zeit Philipps II., ist Gegenstand zahlreicher Anekdoten, die seinen Ehrgeiz und Hochmut belegen[52]. Andere Geschichten zeugen von einer starken Vorliebe für irdische Güter. Über Kardinal Quiroga, Erzbischof von Toledo und Großinquisitor, wird berichtet, daß er bei passender Gelegenheit jemanden sagen hörte: »Es ist schon traurig, wenn ein Mann stirbt und nicht in den Himmel kommt.« Worauf er entgegnete: »Und wenn doch!?«[53]. So stellt sich uns der große Prälat des Zeitalters Philipps II. als ein im allgemeinen sehr ambitionierter und despotischer Mann dar. Die übermäßige Selbstgefälligkeit oder Selbstzufriedenheit, die sich in den Erzählungen des Volkes widerspiegelt, wird auch durch die wichtigsten Dokumente und Monumente im Leben dieses Mann belegt.

Ebenso wie ein Vizekönig, ein Generalkapitän, ein Staatssekretär oder ein großer Geschäftsmann dieser Zeit, verspürt auch der Inquisitor des philippischen Zeitalters das Bedürfnis, sich einen Palast zu erbauen.

Die Zeit der Wehrtürme und der Burgen war vorbei. Nun galt es, prächtige Paläste zu bauen. In Martín Muñoz de las Posadas (Segovia) ließ sich Kardinal Espinosa seinen Palast erbauen. Die Pläne dazu lieferte Juan Bautista de Toledo, der Architekt des Escorial, der nur noch den Beginn der Bauarbeiten erlebte, die im Jahr 1572 abgeschlossen wurden. Mögen die Anhänger des Neoklassizismus anderer Auffassung sein, so paßt dieses kühle, abweisende Bauwerk doch gut zu dem Wesen jenes Kardinals, Inquisitors und Ministers Philipps II., der am Groll über eine politische Niederlage starb und allem Anschein nach auch etwas von der Art der Neuchristen an sich hatte, die er so sehr verfolgte.

Weitere Generationen kommen und gehen. Der Inquisitor Sarmiento Valladares läßt seinen Palast Fefiñanes bei Cambados (Pontevedra) errichten. Dieses Bauwerk ist anziehender, es besteht aus zwei mit Eckbalkonen geschmückten rechtwinkligen Flügeln, von denen einer in einem Turm endet. Natürlich fehlt nicht die Kirche oder Kapelle, aber man findet auch einen Garten mit Freitreppen, Aussichtstürmen und Balustraden. All dies diente (wenn auch in kleinerem Maßstab) anderen hohen Beamten des Heiligen Offiziums als Vorbild, sofern sie nicht bereits hohe Summen in prächtige und kunstvolle Grabmäler gesteckt hatten.

Im versteckt gelegenen Dorf Salas, im Nordwesten Asturiens, befindet sich in einer von ihm selbst gegründeten Kirche das Grabmahl eines weiteren Großinquisitors, der aus vielerlei Gründen große Bekanntheit erlangt hat. Das Grabmal, im Stil der Spätrenaissance gehalten, weist zwei Inschriften auf, eine spanisch und eine lateinisch, in denen das Leben und die Verdienste des Toten zusammengefaßt werden. Die spanische Inschrift, weniger schwülstig als die lateinische, lautet: »Deo Optimo Maximo. Hier ruht der hochehrwürdigste Fernando Valdés, gebürtig aus diesem Dorf Salas, Sohn von Juan Fernández Valdés und Mencia de Valdés, ebenfalls aus dem Orte Salas stammend; er war Mitglied der Kammer von San Bartolomé zu Salamanca und des Rates der Heiligen und Allgemeinen Inquisition. Er diente dem Kaiser Karl V. in Flandern und Deutschland; er hatte die Bistümer von Orense, Oviedo, León und Sigüenza inne wie auch die Präsidentschaft des Obergerichtes von Valladolid. Er war Vorsitzender des Obersten Rates dieser Königreiche, des Staatsrates, Erzbischof von Sevilla und Generalinquisitor. Ein tief religiöser und strenger Mann; Verfolger der ketzerischen Ruchlosigkeit, ein höchster Wächter über den katholischen Glauben, ein gelehrter Verteidiger, beispielhaft, milde und freigebig, wie er es auf so einzigartige Weise mit seinen zahlreichen, großzügigen, prächtigen und unaufhörlichen Schenkungen und Stiftungen frommer Werke bewies, die er in seiner Heimat, in Oviedo, Salamanca, Sigüenza und Sevilla zum Ruhm Gottes und zum Wohl aller hinterlassen hat. Er wurde 90 Jahre alt; starb in Madrid am 9. Dezember 1568, unter der Herrschaft des Königs Philipp II.«[54]. So also dachten die Erben des toten Prälaten über ihn. Andere, die gezwungen waren zu urteilen, konnten dem nicht zustimmen. Der Domherr Llorente entwirft ein schreckliches Bild von Valdés, den er als den Hauptverantwortlichen für den Prozeß gegen Carranza betrachtet. Er führt an, daß dieser das Verfahren aus Eifersucht angestrengt habe, als es ihm nicht gelang, den Bischofshut von Toledo zu erhalten. Angesichts der Gewalttätigkeit seines senilen Hasses, bezweifelte Llorente sogar, daß Valdés an die Unsterblichkeit der Seele glaubte. Er hält ihn für äußerst blutgierig und wirft ihm darüber hinaus vor, den guten Geschmack im Universitätsstudium verdorben zu haben[55]. Nachdem er 1566 vom Papst selbst, dem Heiligen Pius V., als Inquisitor abgesetzt wurde, entwickelte er sich zu einem Pendant des ihm unterstellten Diego de Simancas, was die rücksichtslose Durchsetzung von Vorschriften und gewalttätiges Vorgehen anging. All dies unter dem Mäntelchen des Geistes eines streng nach den Gesetzen handelnden Mannes, was sich auch in einigen seiner »unbedeutenderen« Handlungen symbolisch niederschlägt.

Als er Bischof von Oviedo war, hatte seine Diözese unter einer Mäuseplage zu leiden. Diese Mäuse wurden nicht nur beschworen, es wurde sogar gegen sie *prozessiert*, worauf sie »kraft verhängter Strafe« auf die höchsten Berge vertrieben wurden, wie uns Gil González in seinem *Teatro eclesiástico de Oviedo* berichtet. Andere Autoren bestritten dieses Vorkommnis. Pater Risco hält es für das Werk blühender Phantasie[56]. Nach dem, was wir aus anderen Teilen Europas über die Einleitung von Prozessen gegen Tiere, die als Rechtsbrecher angesehen wurden, wissen, besteht jedoch kein Grund, daran zu zweifeln, daß Don Fernando tatsächlich seinen Bannstrahl gegen die Mäuse geschleudert hat, so wie er seinen Bannstrahl auch gegen Lutheraner oder wen er dafür hielt[57], schleuderte. Entsprechend definierte er auch minutiös die inquisitorische Praxis in seinen berühmten Instruktionen. Diese Instruktionen, die dem »inquisitorischen Recht« endgültige Form verliehen, wurden noch 1812 von einigen liberalen Deputierten der Cortes zu Cádiz, ehemaligen Beamten der Inquisition, heftig beanstandet, weil sie nie die rechtsverbindliche Wirksamkeit einer Handlung des Großinquisitors gehabt hätten[58]. Llorente sah sich Ende des 18. Jahrhunderts gezwungen, sie für seine Leser zusammenzufassen, um ihnen eine allgemeine Vorstellung vom Vorgehen der Inquisition zu geben. Die achtzig Klauseln der Instruktionen bildeten noch zu Llorentes Zeit die Grundlage für das Funktionieren des Heiligen Offiziums. García und sein Nachfolger Argüelles taten nichts anderes, als sich wörtlich an die Instruktionen des Erzbischofs zu halten und sie zu kommentieren[59]. In der heutigen Zeit sind diese Instruktionen Gegenstand von Untersuchungen mit größerem Anspruch auf Objektivität geworden.

Es besteht wie erwähnt ein enger Zusammenhang zwischen Valdés und einem Mann, den ich bereits verschiedentlich erwähnt habe und der als *Modell* bei der Beschreibung der Inquisitoren jener Zeit dienen kann. Die Rede ist von Diego de Simancas, der seit dem 22. April 1559 Mitglied der Suprema war[60]. Zweifellos war er ein überaus kompetenter Jurist und sogar ein in politischen Dingen geschätzter Theoretiker. Dies zeigt sein Buch über die Majorate und das über die Republik, ein gelehrtes Werk, das auch außerhalb Spaniens von angesehenen Juristen kommentiert wurde. Auch in anderen formaljuristischen Fragen war sein Sachverstand geschätzt. Seine Abhandlung über die katholischen Institutionen ist eines der angesehensten Werke zur inquisitorischen Praxis und sein Buch über die Reinheits-Statuten, das in Verteidigung einer Abhandlung der Domkirche zu Toledo erschien, erlangte gar die Bedeutung einer Doktrin[61]. Der Jurist Diego de Simancas spezialisierte sich auf die schwierigsten Bereiche des Rechts. Andererseits entwirft seine Biographie das Bild eines Mannes von schier unersättlichem Ehrgeiz, neidisch auf andere, denen öffentliche Ehren und Ämter gewährt wurden, anmaßend hinsichtlich eigener Verdienste, überzeugt, daß seine Vorurteile Dogmen gleichkamen. Wie viele Spanier seiner Generation praktizierte er eine ganz besondere Art von Katholizismus: Sie erlaubte ihm, die Position Roms in der bereits erwähnten Frage der Reinheits-Statute zu kritisieren[62], ja sie ließ ihn sogar mit einer gewissen Verachtung von einem Papst wie Pius V. – dem Heiligen Pius V. – sprechen[63]. Solange er in der Hauptstadt der katholischen Welt lebte, achtete er stets in erster Linie auf die Angelegenheiten Spaniens und darauf, in rechtlichen Fragen die härtesten Standpunkte zu vertreten. Hören wir ihm zu: »In Rom sagten sie mir, daß es unmöglich sei, in Italien die Sünde der Sodomie zu unterdrücken oder zu bestrafen. Ich antwortete ihnen, daß ich nicht dieser Auffassung sei. Sie ließe sich sehr wohl verhindern, wenn verfügt und veranlaßt würde, daß der verdorbene Bursche, der sich nicht innerhalb einer bestimmten Frist nach Begehen seiner Schandtat selbst denunzierte, deswegen verbrannt würde. Von Kind an wüßten dann alle Bescheid und hätten Angst (über die sie sich jetzt noch leicht hinwegsetzen). Vergangene Taten wären nicht zu verzeihen...«[64]. Solche Auffassungen mußten viele italienische Prälaten schockieren, und der spanische Bischof (Simancas war seit 1564 Bischof) dürfte wohl mit einer Mischung aus Belustigung und Vorsicht betrachtet worden sein, ohne daß man deswegen aufhörte, ihn als einen Gelehrten zu achten.

Wenig Geduld, Sanftmut und Milde (erinnern wir uns an die Tugenden, die von einem Inquisitor gefordert wurden) zeigte Simancas einem Mann gegenüber, der ihm von 1559 bis 1576, also bis zum Tod, vielleicht sogar noch darüber hinaus, als Sündenbock diente. Die Rede ist vom Erzbischof von Toledo, Bartolomé Carranza de Miranda. Simancas spielte eine wichtige Rolle bei dessen Einkerkerung[65] und war auch bei seiner Abschwörung und Buße zugegen[66]. Nicht einmal der Tod des unglückseligen alten Mannes bewegte ihn, und er gibt sogar zu verstehen, daß dieser als verstockter Sünder und Ketzer gestorben sei[67]: »Zur Zeit Pius' V. trieb ich zusammen mit den spanischen Inquisitoren, die mich damals unterstützten, das Verfahren gegen den Erzbischof von Toledo voran. Zur Zeit Gregors XIII. *obsiegte ich allein* in diesem Prozeß, und ich tat es zur größten Ehre Spaniens und vor allem des Katholischen Königs und des Heiligen Offiziums, weswegen ich alle meine Bemühungen nicht zu bereuen habe, selbst wenn mir in diesem Leben kein Dank dafür zuteil wird«[68].

In diesem Ton ist seine gesamte Biographie gehalten. Er erklärt, warum man über ihn munkelte, daß er von »furchtbarer Wesensart« sei. Er versuchte, solche Stimmen stets zum Schweigen zu bringen, indem er sich selbst als unabhängig und frei, keines Betruges und keiner Täuschung fähig, darstellte[69].

Jeder Mensch hat von sich selbst eine Meinung, die sich häufig nicht mit der der anderen deckt. Heute sind wir in der Lage, in aller Ruhe die Akten des Prozesses gegen Carranza durchzulesen. Wir können feststellen, ob Menéndez Pelayo[70] und die anderen, die ihn für einen Ketzer hielten, recht hatten, oder diejenigen, die ihn immer verteidigten[71]. Die Lektüre belegt lediglich, daß eine gewisse *illuminatorische Tendenz Carranzas*, die von seinem Rivalen im Orden, Melchor Cano, besonders hervorgehoben wurde, ursprünglicher Anlaß für den aufsehenerregenden, tumultnerischen Prozeß war. Dieser Prozeß wurde durch und durch böswillig seitens Canos (eines begabten aber barschen Mannes, wie selbst seine größten Bewunderer eingestanden)[72] und anderer Personen, die gegen ihn aussagten[73], geführt. Wieder einmal trat die intellektuelle spanische »Hybris« in Erscheinung, offenbarte sich der Wunsch, zu glänzen, zu streiten, den Widersacher zu vernichten. Keiner verkörpert dies besser als Don Diego de Simancas, der einmal sogar auf das Argument zurückgreift, daß Carranza ein »niederträchtiges Antlitz« habe[74]. Was für ein Heiliges Offizium wäre das gewesen, das sich nur häßlichen und unsympathischen Menschen gewidmet hätte! Carranza starb, und Simancas kehrte nach Spanien zurück.

Er hatte es auf seiner bischöflichen Laufbahn noch nicht sehr weit gebracht, da starb er als Bischof von Zamora (zuvor war er Bischof von Ciudad Rodrigo und Badajoz gewesen). Die Erzbistümer und Kardinalswürden zogen an ihm vorüber, ebenso die Präsidentschaft Kastiliens, das Amt des Großinquisitors. Als er fest daran glaubte, daß nun die Stunde seiner großen Entlohnung, der höchsten Entlohnung gekommen sei, wurden seine Hoffnungen allmählich zerstört. Das Ende seiner Biographie liest sich wie eine lange Reihe von Enttäuschungen, von bitteren Überlegungen, die vorgeben christlich zu sein, es aber nicht sind. Es findet sich auch eine Sammlung fremder Meinungen, aus denen hervorgeht, wie sehr Simancas von großen Persönlichkeiten bewundert wurde und wie wenig andere Leute ihn schätzten. Es hat den Anschein, daß Philipp II. ihn in Rom von 1567 bis 1576 gezielt verwendete, sich dann in Spanien jedoch von ihm abwandte[75]. Vielleicht hat ihm, als er Simancas wiedersah, sein Charakter mißfallen, womöglich besaß jener die am Hof verlangte Verschwiegenheit nicht, oder er hatte keine anderen der erforderlichen Vorzüge für den Umgang mit den Ministern aufzuweisen. Wie dem auch sei, Don Diego scheint kein Mensch gewesen zu sein, der den Normen entsprach, die wir bereits von der Beschreibung des idealen Inquisitors her kennen[76]. Andererseits fehlte ihm nur wenig zu einem Inquisitor wie aus dem Bilderbuch. Natürlich ist Simancas Person nicht isoliert, sondern vielmehr im Rahmen seines gesellschaftlichen Umfeldes zu untersuchen. Er ist nur einer von vielen Spaniern, die – angefangen beim König – große Unruhe in Europa verursachten, während sie innerhalb Spaniens im vollen Bewußtsein nicht nur ihrer Rechtschaffenheit sondern auch ihrer Vollkommenheit agierten. All das inmitten einer Welt, in der die Ketzerei triumphierte, in der Engländer, Deutsche, Holländer und selbst Franzosen in einer »Gewissensfreiheit« lebten, die in Spanien als unerhört galt.

Esteban de Garibay, der bereits erwähnte Historiker aus Guipúzcoa und Chronist Philipps II., vermittelt in seinen Memoiren ein treffendes Bild von der Welt der Rechtsgelehrten und Geistlichen, die im Bannkreis des Monarchen mehr oder weniger bedeutende Laufbahnen einschlugen und für die das Heilige Offizium eine äußerst wichtige Institution darstellte. Der Chronist, von Jugend an als Vertrauensmann der Inquisition tätig[77], suchte für seinen Schwager Alonso de Montoya einen Sekretärsposten am Tribunal von Llerena und beschreibt dabei alle Schritte, die er und seine Gönner unternehmen mußten[78]. Hier handelt es sich um eine »weniger bedeutende« Laufbahn. Ergänzend sollte noch ein anderer Aspekt angeführt werden. In jenem Zeitalter herrschte der Geist der Denunziation, so daß es nur wenige Menschen gab, die eine solche Handlungsweise für verwerflich, geschweige denn das Gewissen belastend, hielten. Derselbe Garibay, der in seinen Memoiren die Vorzüge seiner Familie und seines Lebens schildert, erzählt darin auch folgende Begebenheit. Als die Inquisition einen sardischen Anwalt verhaften ließ, der im Königlichen Rat von Aragón tätig war und den sie für einen großen Ketzer hielt, erinnerte er sich, daß ein Geistlicher namens Francisco, Abt von Churruca, ihm erzählt hatte, wie verdächtig ihm die Ansichten dieses Anwalts, den er Doktor Segismundo nennt, vorkämen. Da er den Eindruck hatte, dieser Kirchenmann könne ein »brauchbarer Zeuge« im Prozeß sein, schrieb er nach Madrid, an einen baskischen Mönch, Fray Juan de Alzolaras, der als Zensor des Heiligen Offiziums tätig war, und teilt ihm all dies mit. Der Mönch wiederum händigte das Schreiben dem Inquisitor Valdés aus, der übersandte es an die Inquisitoren Toledos, diese an die von Calahorra und am 13. Mai 1565 baten jene Garibay, ihnen den Namen des betreffenden Geistlichen zu nennen. So reisten schließlich der eine aus Plasencia und der andere aus Mondragón an, um das Konto des Doktor Segismundo zu belasten. Darüber hinaus war Garibay in seiner doppelten Funktion als Bürgermeister und Vertrauensmann der Inquisition auch an der Ergreifung einiger französischer Kesselflicker beteiligt, an deren wahrem Glauben Zweifel bestanden und die bereits von der Inquisition »registriert« worden waren[79]. Ganz Spanien lebte in einem System der Denunziation und des Verdachtes, das dem Zweck diente, jene vollkommene *Ordnung* zu bewahren.

Recht und Probabilismus

»Die Inquisitoren sollten eher zur Folter neigen als andere Richter, denn das Verbrechen der Häresie geschieht im Verborgenen und ist nur schwer zu beweisen« ... Simancas führt noch einen weiteren Grund an: Im Fall der Häresie sei das Geständnis des Angeklagten nicht nur »nutzbringend für das öffentliche Wohl sondern auch für den Häretiker selbst«[80]. Die Rechtsgelehrten bestätigen dies und lassen sich dann in langen Erörterungen über die Möglichkeiten und Umstände aus, wie eine Folter anzuwenden sei[81].

Natürlich gibt es auch diesen und jenen, der das mit einer gewissen Lust tut: »Folgende Arten der Folter werden am häufigsten angewendet: an erster Stelle steht die Wasser- und Strickfolter, an zweiter der Wipp-Galgen, an dritter die Schlaffolter, dann folgt die Backsteinfolter, dann die Bretterfolter«[82]. Der Verfasser dieser Passage ist Gonzalo Suárez de Paz, auch er Richter zu Zeiten Philipps II. Hinsichtlich der Folter bevorzugte er ausländische Gebräuche, denn im Anschluß an deren Beschreibung fährt er fort: »Die Schlaffolter, die man für gewöhnlich in Italien anwendet, ist viel wirksamer und eleganter als deren spanische Variante«[83]. Aber die Wirksamkeit der Folter war auch von alters her umstritten, weil sie sich als zu wirksam erwies, das heißt, die Leute »beichteten« das, was man von ihnen hören wollte und gaben Vergehen zu, die man ihnen zuschrieb, die aber in Wirklichkeit nicht begangen worden sein konnten. Tatsache bleibt, daß solange das Ancien Régime sich hielt, auch jene eigenartige Weise, Dinge aufzuklären, beibehalten wurde, und so avancierte die Folter schließlich zu einem der Wesensmerkmale inquisitorischer Justiz. Dazu trugen zahlreiche Berichte von bestraften Personen, protestantischen Werbern und Juden bei. Von außerhalb Spaniens, versteht sich. Wer jedoch innerhalb Spaniens den Darstellungen der Folter am meisten Ausdruckskraft verlieh, war kein Geringerer als Goya.

Die Folter gab manchem Inquisitor nicht wenig zu denken. Dies galt noch in stärkerem Maße für die Art der Zeugen und der Zeugenaussage.

Die Aussage von Todfeinden war zwar grundsätzlich unzulässig[84], dennoch spielte die Feindschaft in zahlreichen Prozessen eine überaus wichtige Rolle. Als Zeugen wurden zugelassen: Exkommunizierte, Verbrecher, Ehrlose, Mittäter, Meineidige, Ketzer, Bedienstete, Familienangehörige, Verwandte, Frauen und Minderjährige[85]. Man unterschied zwischen rechtschaffenen und nicht rechtschaffenen Zeugen. Die Sachverständigen stritten auch darüber, ob man die Zeugenaussagen von Personen, die jünger als vierzehn Jahre alt waren, und vor der Pubertät standen, anerkennen sollte. Einige lehnten dies ab, »quia impuberes regulariter lubricum habent consilium, quia aetas illa facilis est ad mentiendum, et quia eis iuramentum deferri nequit«*[86]. Verschiedene spanische Inquisitoren befürworteten dagegen, daß diese Minderjährigen als Zeugen auftraten. Die Abhandlungen über das Inquisitionsrecht aus jener Zeit, in der der Probabilismus dominierte, sind äußerst interessant. Sie fassen die verschiedenen Meinungen nach dem dieser Doktrin eigenen Kriterium zusammen, stellen sich widersprechende Meinungen gegenüber und lassen der Kasuistik viel Raum. Manche haben behauptet, daß die Kasuistiker ihre Unterscheidungen im luftleeren Raum ausführten. In diesem wie auch in anderen Fällen ist nichts so unrichtig wie dies. Es sind vielmehr die Ansichten der Inquisitoren, der Mitglieder der Suprema usw., die in einer Reihe von Prozessen voneinander abweichen. Die juristischen Abhandlungen berücksichtigen diese Diskrepanzen, aber heute werden sie kaum noch gelesen. Man hat sein Urteil über die Inquisition schon gefällt, warum also noch darauf zurückkommen? Wir werden nun jedoch auf eine andere Inquisitorenkarriere eingehen, um darzulegen, wie interessant diese Abhandlungen sind, und wie wichtig es ist, nicht nur Historiker sondern auch ein wenig Kasuistiker zu sein.

Das Ausmaß der Diskrepanz

Als Moratín seinen Bericht über das Autodafé des Jahres 1610 von Logroño veröffentlichte, spottete er über die drei Inquisitoren, die am Prozeß der dort verurteilten Hexen und Hexenmeister beteiligt waren. Alonso de Salazar y Frías kam dabei genauso schlecht weg wie seine beiden Kollegen Juan del Valle oder Valle Alvarado und Alonso Becerra y Holguín (der wohl der älteste der drei war).

Wir wissen nur wenig über die drei Inquisitoren.

Fray Alonso Becerra, Becerra y Holguín oder González Holguín y Becerra, aus dem Orden von Alcántara, legte seine genealogischen Personalien im Jahr 1600 vor. Es scheint, daß er aus Cáceres stammte. Diese Informationen wurden dem Tribunal von Llerena gegeben[87]. Juan del Valle Alvarado, aus Ogarrio, legte im Jahr 1603 die Angaben über seine Person dem Tribunal von Logroño vor[88]. In der genealogischen Dokumentation

* »weil Knaben üblicherweise leichtsinnige Überlegungen anstellen, weil man in jenem Alter leicht zu lügen neigt und weil sie keinen Eid ablegen können« [AdÜ]

der Suprema finden sich keine Belege bezüglich Salazar y Frías, es scheint jedoch, daß er sie nachreichen mußte, da er erst an dritter Stelle unter den Inquisitoren genannt wird. Bevor er auf Empfehlung des Kardinals Lanfranco Margotti zum Inquisitor ernannt wurde, hat er anscheinend einige Ämter bei der Kurie innegehabt. So war er zehn Jahre lang Bevollmächtigter der spanischen Dom- und Metropolitankirchen in Rom. 1635 starb er in Madrid als Domherr von Jaén und Mitglied der Suprema[89]. Die Jahre zwischen 1610 und 1614 waren die wichtigsten in Don Alonsos Tätigkeit. Bereits im Hexenprozeß von 1610 war seine Meinung bei der Abstimmung von der seiner Kollegen abgewichen. Mit anderen Worten, Don Alonso glaubte weder an die im Prozeß erhobenen Klagen noch an den Inhalt des erwähnten gedruckten Berichtes, weil er die Mehrzahl der Zeugenaussagen von *Kindern und Minderjährigen*, die unter jenen Umständen nicht in der Lage waren, die Wahrheit zu sagen, für null und nichtig erachtete. Er glaubte nicht daran, weil er auch den *Alten*, einem Großteil der *Frauen* sowie anderen Personen, deren *Feindschaft, Unwissenheit* usw. bekannt war, keinen Glauben schenkte. Ich habe vor vielen Jahren den Bericht veröffentlicht, in dem Don Alonso zusammenfaßt, was er ab dem Jahr 1611, mit einem Gnadenedikt in der Hand, über die Hexen auf baskischem Gebiet in Erfahrung gebracht hat[90]. Die Veröffentlichung der Berichte, die sich im Archiv Simancas' befinden und noch genauer und spezifischer sind, steht noch bevor. Hier geht es mir darum, hervorzuheben, wie die Geheimhaltung, die die Handlungen der Inquisitoren umgab, mitunter auch dazu führte, daß ihre Tätigkeit über Jahrhunderte keinerlei Echo fand, zumindest was die Meinung angeht, die gebildete Menschen von ihnen haben. Andererseits wird die Wirksamkeit der Tätigkeit durch die Tatsache belegt, daß seit dem Auftreten von Alonso de Salazar y Frías in den baskischen Provinzen und in Navarra (den Gebieten Spaniens, in denen die gleichen Fälle von kollektiver Hexerei wie in Frankreich, Deutschland, Österreich und Norditalien beobachtet worden waren) keine Fälle von Hexerei mehr vorkamen. Hier hat die spanische Praxis, Inquisitoren zu beschäftigen, die in erster Linie Juristen und nicht Theologen waren, zu einem erstaunlichen Ergebnis geführt. In anderen Fällen konnte dieser Umstand dagegen sogar sehr nachteilige Auswirkungen haben. Wenn es in einem praktischen Fall zu Diskrepanzen mit dem vorrangig gültigen Recht kommt, so wie im Beispiel des Lizenziaten Salazar y Frías, wird eine riesige Bresche in das gesamte Rechtssystem geschlagen (dann dauert es wieder eine Zeit, bis die Feinde eindringen). Die klassische Hexerei des 15. und 16. Jahrhunderts entstand *durch einige Gesetzessammlungen*, an deren erster Stelle der »Hexenhammer« (»Malleus maleficarum«) zu nennen ist. Es genügt, die Ursprünge dieser Kodizes zu untersuchen, und die Hexerei beginnt sich aufzulösen. Die einzigen, die wirklich wirksame Einwände gegen sie vorbringen durften, waren jedoch die Inquisitoren.

Die Grenzen der inquisitorischen Rechtsprechung

So zeigt es sich, daß Don Diego de Simancas, der große Jurist und Gelehrte, Bischof und hochrangiger Beamter, vor unseren Augen als ein Mensch erscheint, der gewalttätig und leidenschaftlich agiert, während Don Alonso de Salazar y Frías, ein Priester mit einer sehr bescheidenen und eher im Unbekannten verlaufenden Karriere, auf einem weniger spektakulären Feld mit beispielhafter Diskretion – vielleicht sogar mit übermäßiger Diskretion – vorgeht. Der Lebenswandel beider Männer mag dazu dienen, das Heilige Offizium zu verteidigen oder anzugreifen. Wir empfinden Sympathie für Don Alonso, die Arroganz Don Diegos stört uns dagegen. Aber darauf kommt es hier nicht an. Die Frage ist vielmehr, bis zu welchem Punkt der eine in einem rechtlich zulässigen Rahmen agierte, ohne als erfahrener Jurist die Grenzen des Erlaubten zu verletzen, und in welchem Maße der andere die Grenzen des Rechtes überschritt. An dieser Stelle ein Wort zum Streit über die Auswirkungen der Inquisition auf die spanische Kultur.

So fragt Valera: »Entsprang womöglich die Perversion und Verdorbenheit unserer Wissenschaft und Literatur der Ignoranz der Inquisitoren? Das ist wohl nicht anzunehmen. In jenen Jahrhunderten (er bezieht sich dabei vor allem auf das 16. Jahrhundert) wußte der spanische Geistliche mehr als die Laien, und die Inquisitoren zählten zu den gebildetsten Vertretern des spanischen Klerus'«[91]. Präzisieren wir dies etwas. Wie bereits festgestellt, waren die Inquisitoren Fachleute, vor allem Rechtsgelehrte, und ihre Bildung war eben nicht *allgemeiner* Natur, so daß in dieser Spezialisierung womöglich die Wurzel vielen Übels zu suchen ist. Sicherlich haben sie sich, wenn es darum ging, bestimmte Probleme zu lösen, die über ihre Kenntnisse hinausgingen, an Männer gewandt, die sie für Fachleute auf dem jeweiligen Gebiet hielten. Fatal jedoch war die Gewohnheit, Gesetze und Strafen anzuwenden (Strafen wie das Büßergewand, die Schande der öffentlichen Abschwörung, die nachfolgende Schmach, ganz abgesehen von den Fällen, in denen Personen dem weltlichen Arm übergeben wurden) in Angelegenheiten, in denen das Gesetz heute wie damals eigentlich keine Rolle spielen sollte, und vor allem und in erster Linie vorzugeben, die *Autorität* des Tribunals zu verteidigen. Ich möchte dies an einem ganz konkreten Fall verdeutlichen. In den Jahren um 1530 haben einige Inquisitoren des Tribunals von Toledo in Hexenprozessen agiert.

Diese Inquisitoren – Mexía, Yáñez, Vaguer und Ortiz –, im allgemeinen gemäßigte Vertreter ihres Fachs, was die Bestrafung von Frauen angeht, die einen gewalttätigen und für ihre Nachbarschaft gefährlichen Charakter an den Tag legten, waren auch an einem ganz anderen Prozeß beteiligt: dem Verfahren gegen den Domherren von Toledo, Doktor Juan de Vergara, einen der bedeutendsten Humanisten jener Zeit. Hier zeigen sie sich von einer ganz anderen Seite. Während sie in den Verfahren wegen Hexerei als einfache und doch kompetente Richter, die ein gewöhnliches Amt verrichten, auftreten, nehmen sie vor dem als Ketzer angeklagten und *wesentlich gebildeteren* Humanisten die Haltung von Verteidigern der Autorität des Heiligen Offiziums ein[92]. In Fall Vergaras handelt es sich um Mißbrauch von Autorität, die Unterwerfung unter eine bestimmte politisch-religiöse Situation sowie willentliche Geringschätzung der Persönlichkeit eines berühmten und hochmütigen Mannes, der gedemütigt werden sollte. In den anderen Fällen ging man über die Theorie der Richter bezüglich klassischer Hexen, die Thesen der Verfasser des Hexenhammers usw. mit Gleichgültigkeit hinweg, wandte einfach eine Rechtsauffassung an, die derjenigen der Zivilgerichte ähnelte, die in Kastilien lange vor Einrichtung des Heiligen Offiziums Fälle von Hexerei und Kuppelei bestraften. Das Tribunal verurteilt eine dem Teufel ergebene Frau zu hundert Peitschenhieben, ergötzt sich aber dann daran, Schuld auf einen Mann zu laden, *der inzwischen keine Gönner mehr hat* und in den Dreck zu stoßen ist. Auf diese Weise zeigt es allen, auch den Erzbischöfen von Toledo, daß sich die Inquisition durch keine noch so hohe Autorität beeinflussen läßt. Wahrscheinlich haben weder Fonseca noch Talavera, die im Verlauf des Prozesses beide Primas von Spanien waren, an die Schuld des Humanisten und Domherren geglaubt. Sie verfaßten beide zu seinen Gunsten Schriften, aber für die Inquisitoren ging es darum, ihr Prestige zu wahren[93].

Dieses Prinzip des »Schuster, bleib bei deinem Leisten!« ist auch auf die Inquisitoren anzuwenden. Wenn sie als Unterdrücker bestimmter Sitten (wir können sagen Unsitten) auftreten, wenn sie anordnen, Hexen, Bigamisten, Fälscher, ganz allgemein Volksverführer, zu peitschen, dann ist ihre Handlungsweise ordnungsgemäß, bewegt sich im Rahmen der Gebräuche und erweist sich vielleicht sogar als wohltuend und nützlich. Wenn sie jedoch ihre großen Auftritte haben, sehen die Dinge ganz anders aus. Die Prozesse gegen die Hebraisten Salamancas, wie auch der gegen Vergara und andere Intellektuelle, zeigen, daß ein Jurist, so gewissenhaft er auch vorgehen mag, nicht geeignet ist, ein gerechtes und sorgfältiges Urteil zu fällen, wenn Menschen ganze Jahre im Gefängnis darauf warten müssen, verurteilt oder freigesprochen zu werden. Die möglichen Strafen und Delikte sind zwar bereits in verschiedenen Abhandlungen erörtert und festgehalten worden, aber nun geht es darum, das tatsächliche Delikt festzustellen. Es gab schreckliche Fälle, wie der des Fray Luis, der 5 Jahre im Kerker zubringen mußte, bis man ganze Berge von Papier beschrieben hatte, um zu klären, ob die Aussagen dieses gelehrten Mannes in Büchern oder Vorlesungen ketzerisch waren oder nicht. Nicht weniger schlimm ist die Tatsache, daß verschiedene berühmte Männer aufgrund eines Inquisitionsprozesses starben oder daß zwischen der Einleitung des Prozesses gegen die Heilige Teresa und ihrer Seligsprechung kaum sechsunddreißig Jahre liegen.

Ist ein Gericht vorstellbar, in dem ein Richter aufgrund der Anklagen Unbeteiligter ein Urteil fällt? Vielleicht ist dies in dem einen oder anderen Fall als löbliche Vorsichtsmaßnahme, als Akt außerordentlicher Klugheit zu bewerten. Aber was bedeutet dieser automatisierte Ablauf, wenn er zur allgemeinen Praxis wird? Sicher birgt er die Gefahr einer Degeneration in sich, und genau das geschah durch Mißbrauch und Gewohnheit. Ein entarteter Geist der Spitzelei und des Denunziantentums entwickelte sich bei jenen Spaniern, die der Vergangenheit verhaftet blieben, und selbst zu Beginn des 19. Jahrhunderts noch als Vertrauensleute der Inquisition tätig waren oder mit diesen über die üblen religiösen Angewohnheiten des Nachbarn sprachen. Die Archive der letzten Jahre des Heiligen Offiziums enthalten oft genug billigsten Tratsch.

Der Inquisitor als Feind der Inquisition

*E*s ist kein Zufall, daß die größten Feinde der spanischen Inquisition Priester waren, die aus ihrem Schoß hervorgegangen waren. 1794 war es der Großinquisitor Manuel Abad La Sierra (bei verschiedenen Gelegenheiten als Jansenist* beschuldigt), der auf den Gedanken kam, einen Beamten des Heiligen Offiziums anzuweisen, ein Werk über die Mängel der Vorgehensweise dieser Institution zu verfassen, das später Anlaß für radikale Reformen war[94]. Von seinem hohen Posten aus hatte Abad die denkbar schlechteste Meinung von der Inquisition. 1813, während der Debatte der Cortes zu Cádiz zur Abschaffung der Inquisition, gab es zumindest zwei ihr feindlich gesonnene Deputierte aus dem Bereich des Klerus (einer von ihnen hatte mehrere Jahre in ihrem Schoß gearbeitet), die sich auf den erwähnten Abad bezogen, der mehrere Male bekräftigt hatte, daß er »die Inquisition erst kennen und fürchten gelernt habe, als er Generalinquisitor wurde«. Ruiz Padrón machte diese Aussage am 18. Januar 1813[95] und am 20. Januar wiederholte sie Villanueva[96]. Zum Zeitpunkt seiner Ernennung war der 1729 geborene Abad La Sierra bereits ein alter Mann. Viele andere Geistliche seiner Zeit, auch sie bereits in fortgeschrittenem Alter, entdeckten dieselben Mängel der Inquisition. Zur Zeit des spanischen Königs Karls IV. war der Klerus ganz offensichtlich in zwei feindliche Lager gespalten und die Zahl derer, die man als »Jansenisten« (und noch Schlimmeres) beschuldigte, war beträchtlich, wenn auch nicht so groß wie die der sogenannten »Ultramontanen«**.

Der Großinquisitor Abad wurde 1794 auf Druck hoher kirchlicher Würdenträger, die seinen Ansichten feindselig gegenüberstanden, gestürzt und in einem kastilischen Kloster festgesetzt[97]. Sein Nachfolger war ein Prälat, der den Vorstellungen Roms näherstand: der gelehrte Erzbischof von Toledo, Lorenzana. Aber in diesen schwierigen Zeiten gab es keinen vollkommenen Triumph, weder für die sogenannten Jansenisten, die die königlichen Vorrechte gegen die Kirche verteidigten, noch für die Ultramontanen. Die »Orthodoxen« sollten im nachhinein (zur Zeit Ferdinands VII. und Isabellas II.) von einer Epoche der Angriffe auf den »Klerus« sprechen. Tatsache ist jedoch, daß von eben diesem Klerus sehr viele Vorschläge und Gedanken stammten, die im Widerspruch zu dem alten Geist des Heiligen Offiziums standen. Während der kurzen Amtszeit Jovellanos' als Minister erhielt derselbe Beamte, den Abad La Sierra mit der Aufgabe

* Anhänger des Jansenismus, der Gnadenlehre von Cornelius Jansen, nach der die Verderbtheit des menschlichen Willens nur durch die Unwiderstehlichkeit der Gnade bezwungen werden könne. Die Jesuiten erhoben sich gegen diese Lehre, weil sie der katholischen Gnadenlehre widerspreche. [AdÜ]

** Anhänger des Ultramontanismus. Dieser stellte die vom Papst geführte Kirche über den Staat. [AdÜ]

der erwähnten Überprüfung beauftragt hatte, erneut Anweisung, Dokumente zusammenzustellen, diesmal nicht nur zur Rechtfertigung einer Reform sondern sogar zur Abschaffung des Heiligen Offiziums. Dieser Beamter war der berühmte Juan Antonio Llorente, geboren am 30. März 1756 in der Rioja, im Dorf Rincón de Soto. Etwa seit 1782 hatte sich dieser Priester von den erwähnten Vorstellungen der »Ultramontanen« abgewandt, und sein Standpunkt in geistlichen Angelegenheiten war nun der vieler anderer spanischer Gelehrter seiner Epoche und früherer Zeiten, denen aber, zumindest was die Inquisition angeht, Llorentes Autorität und Kenntnisse, die er durch seine umfangreichen Forschungen erworben hatte, fehlten, um ihre Meinung zum Ausdruck bringen zu können. Llorente war anfänglich nur einer von vielen Geistlichen, die die Vorrechte der Krone verteidigten und den Forderungen Roms widersprachen. Sich zur Zeit Karls III. oder Karls IV. Rom zu widersetzen, war jedoch etwas ganz anderes als zur Zeit Philipps II. oder gar noch Philipps IV. im Gegensatz zur Kurie zu stehen. So wie es auch ein großer Unterschied ist, ob man *Säkularisierungsgrundsätze* im 17. Jahrhundert oder zu Beginn des 19. Jahrhunderts festsetzt. Llorente führte ein gefährliches Leben in schwieriger Zeit. 1785 erfolgte seine Ernennung zum Kommissar des Heiligen Offiziums von Logroño. Später wurde er Sekretär der Hofinquisition und als solcher 1801 als Ungläubiger und Beschützer von Ketzern aus seinem Amt entlassen. (Dieselben Beschuldigungen waren mehrere Male, wenn auch auf weniger aufsehenerregende Weise, gegen einige hohe Beamte des Heiligen Offiziums erhoben worden). Von 1805 bis 1808 betrieb er im Auftrag Godoys verschiedene politisch-historische Studien. 1808 ergriff er eindeutig für die französische Sache Partei. Folgerichtig wurde er am 11. März 1809 von Napoleons Regent in Spanien, Joseph Bonaparte, aufgefordert, an der Tätigkeit des Staatsrates mitzuwirken, wobei er weitgehend an der kurz zuvor von Napoleon verfügten Auflösung des Heiligen Offiziums beteiligt war. Darüber hinaus wurde er beauftragt, dessen Geschichte niederzuschreiben.

Damals kam er auch in den Genuß eines doppelten Privilegs. Er wurde nicht nur von Goya porträtiert, sondern dieses Bildnis war darüber hinaus auch eines der hervorragendsten unter den vielen Werken des Meisters[98]. Heute befindet es sich im Museum von São Paulo, in Brasilien. Das Antlitz Llorentes ist so »goyaesk«, daß er sich uns als ein Vertreter derselben »keltiberischen« Rasse Navarras, Aragoniens und der Rioja darstellt, der auch der Maler angehörte. Große Augen, ein großer Mund, eine breite Nase. Ein Mann mittleren Alters, in der Tracht eines Priesters, auf der Brust ein Ehrenkreuz, das an einem breiten Band hängt. Das Bild stammt aus der Zeit, in der Llorentes Laufbahn als Beamter ihren Höhepunkt erreicht hatte. Seine »Kollaboration« mit König Joseph war offensichtlicher als die Goyas, dessen Angriffe gegen die Inquisition und gegen die Geistlichkeit im allgemeinen nicht dazu führten, daß er wie sein Freund stigmatisiert wurde. Nicht umsonst war der eine ein Genie, der andere nur ein Gelehrter mit bürokratischer Prosa. 1811 lebten in Madrid drei Männer – Goya, Moratín und Llorente –, die bereit waren, die napoleonischen Absichten, die hinsichtlich des Heiligen Offiziums eindeutig waren, zu unterstützen. An dieser Stelle sollten wir jedoch darauf hinweisen, daß Llorentes antiinquisitorische Schriften wie auch die Moratíns (ebenfalls Parteigänger der Franzosen) in Cádiz von den Patrioten der Gegenseite gelesen und kommentiert wurden und nicht wenig zur Diskussion der Cortes beitrugen, von der später noch die Rede sein wird[99].

Llorente verließ Spanien zusammen mit den französischen Truppen und kam etwa im März des Jahres 1814 nach Paris. Dort verbrachte er einige Jahre ohne Hoffnung auf Begnadigung. Die Briefe, die er an seine Freunde und Verwandten in Spanien schrieb, zeugen von einem ehrlichen, herzlichen und resignierten Gemüt. Am 28. Februar 1818 warf der französische Abgeordnete Clausel de Coussergues den spanischen Flüchtlingen in Frankreich vor, angesichts ihrer revolutionären und politischen Vergangenheit, ihrer bonapartistischen Gesinnung und Feindseligkeit gegenüber dem Hause Bourbon seien sie nicht würdig, unterstützt zu werden. All dies mag zwar zutreffen, dennoch sollten den genannten Anführungen auch rein patriotische Überlegungen unterstellt werden[100]. Llorente antwortete mit einem Schreiben im Namen aller seiner Schicksalsgenossen und stellte sich und diese als Opfer der Rache eines pervertierten Gerichtes dar: des Tribunals des Heiligen Offiziums[101]. Bald darauf veröffentlichte er die Geschichte der Inquisition, die großen Erfolg hatte und in ganz Europa übersetzt wurde[102]. Das Werk wurde vom Erzbischof von Paris streng verurteilt. Von diesem Augenblick an verstärkt sich Llorentes Abneigung gegen die offizielle »siegreiche« Kirche noch mehr. 1822 veröffentlicht er in Paris selbst ein leidenschaftliches Buch gegen die Päpste. Es heißt jedoch, daß er bereits Ende 1820 Anweisung erhalten hat, Frankreich zu verlassen. Am 5. Februar 1823 starb er in Madrid[103]. Sein Tod kam gerade noch rechtzeitig, denn in dieser Zeit des weißen Terrors hätte ihn kein gutes Schicksal erwartet. Die Liberalen betrachteten ihn später immer als einen der ihren[104]. Für die orthodoxen Katholiken hingegen wurde er zum Symbol des abtrünnigen Geistlichen, des Vaterlandsverräters. Dies belegen Urteile wie die von Ortí und Lara[105] sowie von Menéndez Pelayo.

Die französische Polizei der Zeit Ludwigs XVIII. und Karls X. kümmerte sich nicht wenig um unseren Flüchtling. Am 21. Oktober 1822 wurde er beschuldigt, er sei ein »espagnol révolutionnaire, et qui abuse évidemment de l'hospitalité qu'il reçoit en France, en s'occupant d'intrigues politiques«*. Man betont, wie wichtig es sei, ihn zu überwachen, und auch die Möglichkeit, ihn in sein Land zurückzuschicken, wird ins Auge gefaßt[106]. Doch die Antwort, die der Polizeipräfekt erhielt, der auf Llorente aufmerksam gemacht hatte, weist darauf hin, daß dieser sich bereits nach Spanien abgesetzt hatte. Er unterhielt jedoch noch geschäftliche Beziehungen zu dem Buchhändler Eymery, in der Rue de Mazarine, der anscheinend einen Brief Llorentes vom 27. Dezember aus Irún bekommen hatte, aus dem hervorging, daß er sich auf dem Weg nach Madrid befinde. Llorentes Geschichte der Inquisition und seine politische Schilderung der Päpste wurden bei Eymery wie auch in den Buchhandlungen von Trentell und Wurtz, in der Rue de Bourbon, verkauft[107]. Nachdem er bereits 1825 gestorben

* »revolutionärer Spanier, der offensichtlich die Gastfreundschaft, die ihm in Frankreich zuteil werde, mißbrauche, um sich mit politischen Intrigen zu befassen« [AdÜ]

war, begann sich der Präfekt für eine Nichte Llorentes zu interessieren, die in der Rue Coquillère 1 lebte. Sie war die Witwe eines gewissen Robillot und Mutter eines fünfzehnjährigen Jungen. Anscheinend war Madame Robillot eine erbitterte Gegnerin des herrschenden Regimes, eine leidenschaftliche, die Staatsverfassung unterstützende Person, die darüber hinaus mit Modeartikeln Handel trieb, wenn auch in geringem Umfang. Nach den Berichten, die vorliegen, war sie (von Llorentes Frau selbst) beauftragt worden, einige Manuskripte zu verkaufen, die er bei seinem Tode hinterlassen hatte, politische Manuskripte liberaler Tendenz... Die Buchhändler Bandouin und Bossange waren gerade dabei, sie zu erwerben, aber der Polizeibeamte, der über all dies informierte, wies auch darauf hin, daß die Behörden daran interessiert seien könnten, diese Manuskripte zu kaufen. Wir wissen heute nicht, ob sie es tatsächlich getan haben[108]. So wurde Llorentes gesamtes Leben von seinen besonderen Beziehungen zu den Regierungen Frankreichs und Spaniens bestimmt. Es mutet fast symbolisch an, daß seine Schriften noch nach seinem Tod Gegenstand polizeilicher »Spekulationen« waren. Llorente war zur Zeit Karls X. in Spanien das, was der Abbé Grégoire in Frankreich war: ein Nachzügler, ein Überlebender des 18. Jahrhunderts. Später hat seine Gestalt wieder neues Ansehen gewonnen, was im Fall des französischen Abbés meines Wissens nach nicht geschah.

Llorente war ein Historiker, der stets im Sold anderer stand. Seine Seele war die eines öffentlichen Beamten, eines Bürokraten. Ein Mann der Archive, der zahllosen Zettel und Unterlagen, der wenigen Bücher. Er war ganz anders als sein größter Verleumder, Menéndez Pelayo, der eine Unzahl von Büchern und Druckschriften wälzte, aber nur sehr wenig Dokumente aus dem Archiv bemühte, um seine *Heterodoxen* zu schreiben. Inquisitor von Amts wegen, bewahrte er sich bis zu seinem Lebensende einige Laster dieses Berufes. Als 1820 die spanischen Liberalen triumphierten, veröffentlichte er ein dünnes Büchlein, das zwei Dialoge enthielt. In einem dieser Dialoge empfiehlt er eine möglichst umfassende Überwachung (sowohl öffentlich wie auch privat) von Ausländern, die in Spanien Freunde des neuen Regimes wie auch Konspirateure gegen dasselbe sein könnten[109], eine Überwachung, die inquisitorisch zu nennen ist.

Der letzte Großinquisitor des Ancien Régime

Llorente steht in eigenartigem Gegensatz zu dem Großinquisitor, der kurz vor dem Einmarsch der Franzosen in Spanien, im Jahr 1808, im Amt war. Die Rede ist von Ramón José de Arce, einer Persönlichkeit, von der man heute kaum noch etwas weiß. Es würde sich sicherlich lohnen, eine gründliche Untersuchung über ihn anzustellen. Kardinal Lorenzana wurde gezwungen, das Amt des Großinquisitors aufzugeben, weil er einerseits nicht gewagt hatte, gegen Godoy vorzugehen, und andererseits Godoy – wohl durch einen Hinweis Napoleons – eine Art von Komplott aufdeckte, das Lorenzana gegen die Erzbischöfe Múquiz und Despuig[110] geschmiedet hatte. Nun galt es, für das Amt einen

Prälaten zu suchen, der weder ein Rigorist wie Abad war, noch – wie Lorenzano – zu einer übermäßigen Ergebenheit gegenüber Rom neigte[111]. Godoy fand einen Nachfolger unter seinen Freunden. Es war ein gebildeter Priester von recht freizügigen Sitten, der dem Minister anscheinend bei gewissen gemeinsamen Abenteuern Gesellschaft geleistet hatte. Die Gunst Godoys verschaffte ihm auch den Bischofshut. So kommt es, daß Arce seit dem Jahr, in dem er zum Großinquisitor ernannt wurde, nämlich 1797, auch Erzbischof von Burgos war.

In seinem neuen Amt zeigte er sich besonders milde. So gestattete er 1798 Olavide, der anscheinend die Gedanken bereute, wegen denen er mitten im Zeitalter der Aufklärung verurteilt worden war, nach Spanien zurückzukehren[112]. Zwar konnten sich die Provinzgerichte der Inquisition zwischen 1798 und 1808 nicht über Mangel an Arbeit beklagen, aber in erster Linie ging es um Fälle von falschen Zeugnissen und Wunderglauben. Laut Llorente[113] handelte Arce als oberster Richter der Inquisition und als Vorsitzender der Suprema bei verschiedenen Gelegenheiten mit großer Gerechtigkeit und Klugheit. Menéndez Pelayo hielt ihn vor allem für einen blinden Anhänger *neuer Ansichten*, erkannte aber dennoch an, daß er, kurz nachdem der berühmte Abbé Marchena mit den Truppen Murats Madrid erreicht hatte, Anordnung gab, den Prozeß gegen ihn einzuleiten[114]. Zuvor hatte ihm bereits ein anderer, nicht weniger berühmter, aber französischer Abbé – der erwähnte Grégoire – einen Brief über die Inquisition geschrieben, der Gegenstand zahlloser Diskussionen und Repliken war[115]. Arce jedoch muß von Anfang an sehr stark in seiner Rolle des blinden Gehorsams gegenüber Godoy aufgegangen sein, denn nur kurz nach seiner Ernennung zum Großinquisitor erlangte ein Gedicht von Meléndez Valdés Berühmtheit, in dem der Dichter sich an den protegierten Minister wendet, dessen Schöpfung und auch Günstling Arce war, und über das Heilige Offizium sagt[116]:

No lo sufráis, señor: mas, poderoso,
el monstruo derrocad, que guerra impía
*a la santa verdad mueve envidioso.**

Arce hat keine größeren Spuren in der Geschichte hinterlassen, weil er ein Mensch war, der keinem zulässigen Klischee entspricht. Weder kann er von den Verteidigern des Heiligen Offiziums in Anspruch genommen werden, noch von dessen Feinden. Als Großinquisitor paßt er in keine Schublade – eine entsetzlich zweideutige Gestalt. So war seine Tätigkeit zeitweise recht gefährlich. Dies gilt selbst für seine Beziehungen zu Godoy, zumindest, wenn man dem Glauben schenken darf, was dieser in seinen Memoiren über die angezettelten Verfolgungen zur Zeit des Justizministers Caballero schreibt, der allgemein als ein – wenn auch altmodischer – Gauner galt. Godoy macht ihn dafür verantwortlich, daß die Inquisition die anhängigen Prozesse gegen Jovellanos und Urquijo sowie gegen viele andere, die des »Jansenismus und schädlicher Auffassungen in politischen

* (etwa:) Duldet es nicht, Herr: denn ihr seid mächtig,
vernichtet das Ungeheuer, dieser unbarmherzige Krieg
läßt die heilige Wahrheit vor Neid erblassen.

Dingen angeklagt« waren, wieder aufnahm. Der Verlust des Beschützers Jovellanos führte zum Sturz der Gräfin von Montijo, ihres Schwagers, des Bischofs von Cuenca (Antonio Palafox), des Bischofs von Salamanca (Antonio Tavira), Javier Lizanas, des Dichters Meléndez und anderer Persönlichkeiten. Godoy fügt hinzu, daß es ihm gelungen sei, das Verfahren gegen die Bischöfe auszusetzen, die Strafen anderer zu mildern und Llorente, den das Heilige Offizium wegen seiner Schriften und Meinungen als doppelt schuldig betrachtete, sogar vor einer achtjährigen Gefängnisstrafe zu bewahren[117].

Wie paßt dies alles zu anderen Informationen, die uns vorliegen? Llorente spricht von diesen Verfolgungen, ohne die genauen Daten zu nennen, und bezieht sich pauschal auf die Regierungszeit Karls IV., die zwanzig Jahre dauerte und während derer es mehrere sehr unterschiedliche Epochen gab[118]. Tatsächlich werden die Inquisitionstribunale in der Provinz in vielen Fällen wohl gemäß dem alten Geist gearbeitet haben, während man in Madrid eher zauderte oder Gegendruck ausübte.

Ein kleiner französischer Soldat, ein entfernter Verwandter der Kaiserin Josephine, der kurz vor dem Volksaufstand gegen die französischen Besatzer vom 2. Mai 1808 nach Madrid kam, schildert in einem 1933 veröffentlichten Tagebuch die Inquisition als eine Art Schreckgespenst, dessen Ruf größer als seine Macht war[119], und er schreibt, daß eine beträchtliche Zahl von Spaniern die Werke der Philosophen lasen[120], wenngleich das Volk auch sehr abergläubisch war. Andere Zeugnisse sprechen dieselbe Sprache.

Der Großinquisitor ging seiner Tätigkeit unter Beachtung seiner sozialen Verpflichtungen als Höfling nach. Als er 1801 zum Erzbischof von Saragossa ernannt wurde, hielt er sich während der verschiedenen Belagerungen (die Gegenstand zahlloser patriotischer Ergüsse waren) nicht an seinem erzbischöflichen Sitz auf und flüchtete sogar nach Frankreich. Der Weihbischof dieser Erzdiözese[121], ein aufgrund seiner Tugend und seiner Bildung noch berühmterer Mann, tat es ihm gleich.

Autoren wie Vicente de la Fuente schreiben, daß er schon 1812 emigrierte. Wenn das stimmt, war er sehr vorsichtig. Jedenfalls wurde er sehr alt, denn der erwähnte Autor nennt 1845 als Jahr seines Todes[122]. Menéndez Pelayo spricht etwas ungenauer davon, daß er fast bis zur Mitte des Jahrhunderts lebte. Er erwähnt auch seine Mittäterschaft bei den Skandalen Godoys und weist darauf hin, daß er ein regelmäßiger Tischgenosse dieses Mannes und ein Priester war, der durch wenig kanonische Mittel seine hohen Ämter erlangt habe. Vielleicht steckt auch ein wenig Übertreibung in all den Informationen, die er über die »alten« Ultramontanen gesammelt hat (zu denen übrigens auch der erwähnte La Fuente gehörte). Diese beschrieben ihrerseits die Regierungszeit Karls IV. als eine unsichere Zeit, in der der Irrglaube triumphierte[123]. Andere Zeugen, die sich in reifem Alter an den Großinquisitor erinnerten, entwerfen ein weniger einseitiges Bild. Laut Antonio Alcalá Galiano, dem großen Schriftsteller und Redner, war Arce ein höfischer Prälat, auch ein Günstling Godoys, aber »nicht wenig gebildet, von höflichen Umgangsformen, von weichherziger und sanfter Wesensart«[124]. In den *Erinnerungen eines alten Mannes* geht er noch mehr ins Detail als in den *Memoiren*, aus denen das eben zitierte

Urteil über Arce stammt. In diesen Memoiren beschreibt er ihn als einen gebildeten Mann von sanftem Gemüt, der aber in erster Linie ein Höfling war. Er weist auch darauf hin, daß es um das Jahr 1806 oder 1807 im Volk sogar hieß, Arce sei »verheiratet«. Dies mag einen Eindruck von dem bösartigen Klatsch geben, der sich um Godoy und seine Günstlinge rankte. »Die Inquisition *begnügte sich* damit,« fährt Don Antonio fort, »falsche Selige und Erfinderinnen von Wundern zu verfolgen und zu bestrafen. Sie tat dies mit so viel Erfolg, daß die von ihr jeweils verhängte Strafe nicht als Tochter der Gottlosigkeit oder der Ungläubigkeit angesehen werden konnte.« Unser Autor beschreibt auch, wie es bekannten oder herausragenden Persönlichkeiten erging. Im Jahr 1808 kam der junge Alcalá Galiano nach Madrid. Da er gerade Englisch lernte, hatte er in seinem Gepäck ein Exemplar von *The History of the reign of the Emperor Charles V.* Am Zoll begannen zwei Inquisitoren – der eine wohlwollend gesonnen, der andere streng – seine Bücher zu inspizieren. Sie konnten kein Englisch, und der Strenge wurde aufmerksam. Alcalá Galiano übersetzte den Titel, erwähnte jedoch nicht den Autor des betreffenden Buches. Der strenge Inquisitor stellte fest, daß der Verfasser Robertson war, daß es sich also um ein verbotenes Buch handelte. Alcalá Galiano händigte es ihm aus und erzählte später seinem Onkel Vicente von dem Vorfall. Dieser Onkel war ein Freund Arces, der damals nicht nur Großinquisitor und Erzbischof war, sondern auch den Ehrentitel eines *Patriarca de las Indias* trug. Kurze Zeit später erhielt Galiano sein Buch zurück, es war inzwischen etwas dünner geworden. Auch wenn er keine Genehmigung erhalten hatte, verbotene Werke zu lesen, begab er sich doch zum Großinquisitor, um sich bei ihm zu bedanken. Dieser beschränkte sich darauf, ihm mit freundlichem Gesicht liebenswürdig zu sagen: »Hallo, junger Mann! Solche Bücher liest Du? Paß bloß auf!«[125]. Die Sache ereignete sich wohl in den ersten Monaten dieses Jahres, also noch vor Ausbruch der ersten kriegerischen Ereignisse am 23. März 1808. Arce »legte sein Amt nieder«, das heißt, er legte es in die Hände des Königs, und seine Majestät nahm es an, »so weit es ihr möglich war«. Das geht aus dem Bericht des überstimmten Abgeordneten Bárcena vom 4. Januar 1813 hervor, den er anläßlich der in Cádiz begonnenen Debatte verlas, die zur Abschaffung des Heiligen Offiziums führte[126]. Dieser Rücktritt muß natürlich in Bezug zu Goydoys Sturz und der Abdankung Karls IV. (am 18. und am 19. März 1808) gesetzt werden. Der neue König, Ferdinand VII., konnte Arce aus vielerlei Gründen, ganz abgesehen von seinem Haß auf Godoy, nicht wohlgesonnen sein. Jedenfalls war Arce schon bei seiner Flucht nach Frankreich nicht mehr Großinquisitor, wie andere Deputierte der verfassungsgebenden Cortes bei der erwähnten Debatte und auch La Fuente selbst[127] zu verstehen gaben. Dennoch versah er dieses Amt erneut für einige wenige Tage zwischen dem Einmarsch der Franzosen in Madrid und dem berühmten Aufstand von Aranjuez. Auch der geistliche Abgeordnete Ruiz Padrón bestätigt in seiner gegen das Heilige Offizium gerichteten Rede vom 18. Januar 1813, daß Arce *noch* Großinquisitor war: »Es ist doch allgemein bekannt, daß der gegenwärtige Großinquisitor Arce zu den Feinden übergelaufen ist und von der Öffentlichkeit zum Volksverräter erklärt wurde, all dies zur Ehre und zum ewigen Ruhm der Heiligen Inquisition«[128]. Dieses Urteil war sicher nicht frei von persönlicher Feindschaft. An einer anderen Stelle seiner Rede gegen das Heilige Offizium hatte derselbe Deputierte geäußert: »Ich werde gar nicht erst von der Tücke und der Durchtriebenheit sprechen, die es stets angewandt hat, um seine Würde zu bewahren. Wir alle wissen, daß es in *diesen letzten Jahren* den Zweck vergessen hat, zu dem es geschaffen wurde, und sich nur noch als schändliches Werkzeug für die absolute Macht der Regierung hergab! Wir alle wissen, daß es sich den Launen und der Rachsucht des niederträchtigsten und wollüstigsten Günstlings, den unsere Geschichte kennt, hingegeben hat! Dieses Tribunal, das so hochfahrend und grausam zu den Hilflosen war, brachte nicht den Mut auf, einem gottlosen Bösewicht, einem Ungeheuer, das alle Laster aber keine einzige Tugend besaß, den Prozeß zu machen. Im Antlitz des Hofes eines katholischen Königs ließ es nicht nur Lobreden auf Godoy zu, sondern gestattete auch, daß sein widerwärtiges Bildnis über den Altären, neben dem Kreuz Christi, aufgehängt wurde...«[129]. Diese Rede brachte Ruiz Padrón viel Ärger ein. Doch sie zeigt, daß Arce nichts zu hoffen hatte, wer auch immer unter den Anhängern der Patrioten, die Ferdinand VII. als ihren König betrachteten, die Oberhand gewinnen würde. So tauschte er das gefährliche und in Mißkredit geratene Amt gegen ein anderes höfisch-religiöses Amt am Hofe Joseph Bonapartes ein: Arce wurde *Grand Aumonier du Roi*.

Der Marquis von Villa-Urrutia, der immer dann die Ohren spitzte, wenn Frauen hinter irgendeinem Ereignis in der Geschichte steckten, erwähnt in seinen Studien über den König Joseph Napoleon, daß unser Don Ramón José dessen Großalmosenier war. Er bezeichnet ihn als einen »gewandten und ränkesüchtigen Prälaten«, der seinen Aufstieg und seine Würdenämter den ›Diensten‹, die er Godoy leistet ... aber auch seiner Liebschaft zur Marquise von Mejorada zu verdanken hat. Dann fährt er fort (um das Bild, das er entworfen hat, noch zu krönen): »In der neuen Regierung kam ihm sein hoher Rang in der spanischen Freimaurerei, deren Großmeister König Joseph war, zugute.« Großinquisitor, Erzbischof, Freimaurer und Weiberheld. Es ist kaum zu glauben[130]. Andere Zeugnisse bestätigen es.

Kurz nach Wiedereinsetzung der Inquisition wird Arce als Erzbischof von Saragossa – nicht als Großinquisitor – wegen freimaurerischer Aktivitäten während der französischen Besatzung angezeigt – und auch wegen seiner Liebschaft mit der Marquise, die ihm vom Ort ihrer Verbannung in Almagro aus, monatlich stattliche Beträge zukommen ließ[131].

Eine weitere schwere Sünde wirft man ihm als Priester vor. Sie erklärt, warum er nicht mit Ferdinand VII. nach Spanien zurückkehrte wie die anderen, die ins französische Exil gegangen waren. In einem weiteren Buch Villa-Urrutias ist von einem Schreiben Arces an Godoy die Rede, in dem er ihm ein *Beichtgeheimnis* der ersten Frau Ferdinands VII., damals noch Prinz von Asturien, über deren eheliche Beziehungen verrät. Der Autor merkt dazu an: »Solchen *Diensten*, die er dem Prinzen leistete, hatte der Generalinquisitor und *Patriarca de las Indias* seine schnelle Laufbahn zu verdanken«[132]. So gesellt sich zu den vielen Makeln auch der Verstoß gegen Sakramente.

Der Historiker und Diplomat entnahm seine Informationen über die Liebschaften Arces den Aufzeichnungen von La Forest. Er nennt außerdem 1844 als Todesjahr (und nicht, wie La Fuente, 1845[133]). Wir wissen darüberhinaus, daß bei der Konstituierung des berühmten Rates von Aranjuez, des ersten politischen Organs der Unabhängigkeit, das sich Napoleons Absichten widersetzte, ein anderer Großinquisitor als Nachfolger Arces benannt wurde, der aber nie sein Amt antreten sollte[134]. Arce war keineswegs der einzige hohe Beamte der Inquisition, der zum Parteigänger der Franzosen wurde. Bei den Proklamationsfeierlichkeiten, mit denen Joseph Bonapartes zum König ausgerufen wurde, behandelte dieser den Ältesten der Inquisitoren, Raimundo Ethenard y Salinas, mit besonderer Zuvorkommenheit und weihte ihn mit übergroßer Vertraulichkeit in seine Pläne zur zukünftigen Arbeitsweise des Heiligen Offiziums ein[135]. Kurz danach, am 22. Juni 1808, schlug Pablo Arribas, unterstützt von José Gómez Hermosilla, in Bayonne die Abschaffung des Heiligen Offiziums vor. Dieses Ansinnen provozierte eine aufgeregte Replik Ethenards, der sich anschließend den »Patrioten« anschloß[136]. Wir wissen auch, daß Napoleon während seines Aufenthalts in Chamartin eigenmächtig die Inquisition abschaffte, nachdem er bereits andere Maßnahmen getroffen hatte, die die fortschrittlicheren Spanier schon seit langer Zeit befürworteten. So kam es, daß damals einige von ihnen eine frankreichfreundliche Gesinnung annahmen. Ein Schandfleck in den Augen vieler[137]. Zwischen dem Rücktritt Arces, der am 23. März 1808 auf sein Amt verzichtete, und der von Napoleon angeordneten Abschaffung vom 4. Dezember desselben Jahres, konnte das Heilige Offizium in keinem der beiden Teile, in die Spanien gespalten war, mit einem Großinquisitor an der Spitze wirken. Dies galt auch für die Napoleon feindlich gesonnene Zone, in der das Heilige Offizium schließlich im Jahr 1813 abgeschafft wurde. Die Ernennungsbullen für Arce, die von einem Sonderausschuß der Cortes zu Cádiz 1811 gefordert wurden, sind nie gefunden worden[138]. Der Großinquisitor hatte nach dem Unabhängigkeitskrieg wenig Handlungsspielraum und war an das Diktat einer herrschenden absolutistischen Gruppe gebunden[139]. Das Ancien Régime war jedoch bereits gestorben. Ferdinand VII. hatte nach seiner Rückkehr aus Frankreich das Tribunal nur zu bereitwillig wieder eingesetzt, wagte es aber 1823 nicht, dies nochmals zu tun[140]. Er hatte am 3. Februar 1815 an einer Beratung der Suprema teilgenommen und wenige Tage zuvor das Großkreuz Karls III. dem Bischof von Almería, dem damaligen Großinquisitor, in Würdigung seiner »apostolischen Demut« verliehen[141]. Dem Besuch folgte ein üppiges Mittagessen, und am 17. März wurde nur für die Inquisitoren ein Ritterorden mit eigenem Ehrenkreuz ins Leben gerufen[142]. Aber all dies waren nurmehr »Rekonstruktionen der Vergangenheit«. Die Inquisition war verhaßt, ihre Richter verachtet, und selbst der König fürchtete sie. Am 9. März 1820 wurde sie mittels Dekret noch einmal abgeschafft[143]. Als die Liberalen im Jahr 1823 erneut stürzten, wurden Stimmen laut, die die Wiederherstellung der Inquisition forderten, »um zu wachen, zu vernichten und zu bestrafen«, wie die Mitglieder des Domkapitels von Manresa am 8. Dezember erklärten[144]. Katalonien und Valencia dienten als Bühne für eine *Rekonstruktion* des Heiligen Offiziums, an dessen Spitze

Simón López, Erzbischof der Stadt Turia, stand. Dem von ihm selbst eingesetzten Rat gehörten ein ehemaliger Inquisitor, Doktor Miguel Toranzo, ein Ankläger, Doktor Juan Bautista Falcó sowie Doktor José Royo als Sekretär an[145]. Sie verfügten die Ergreifung des Lehrers Antonio Ripoll, verurteilten ihn und übergaben ihn dem weltlichen Arm. Die Strafkammer des Gerichtshofes von Valencia nahm das Urteil sogar an, und am 31. Juli 1826 starb Ripoll auf dem Schafott. Nach seinem Tod steckte man den Leichnam in ein mit Schlangen bemaltes Faß, das man in den Fluß warf. Das Entsetzen, das dies Vorgehen in der Welt hervorrief, und die Überraschung der Regierung in Madrid waren gleichermaßen groß[146]. Von jetzt an hatte Ferdinand VII. nicht mehr die hartnäckigen Absolutisten hinter sich. Diese sahen nun seinen Bruder Karl als einzig möglichen Monarchen für die Verwirklichung ihrer Vorstellungen an[147]. Aber diese Zeit, in der der Pfründenverwalter Blanes, der Pater Puñal, die Mitglieder des Rates von Manresa und andere Persönlichkeiten dieses Schlags den Ton angeben, hat kaum etwas mit der vorhergehenden Epoche gemein. So gleichen auch die Glaubensversammlungen nur wenig dem Heiligen Offizium der Regierungszeit Karls III. und Karls IV., der wohl noch viele nachtrauerten.

Es ist bezeichnend, daß ein Amt, das im Ancien Régime einst mehr oder weniger fanatische aber auch begabte Mönche wie Torquemada oder der Kardinal Cisneros und zu anderen Zeiten rechtsgelehrte Prälaten oder geistliche Juristen innegehabt hatten, nun in den Händen eines Mannes lag, dessen Wissen sich in jungen Jahren hauptsächlich über Schlafzimmergeheimnisse erstreckte, und der als alter Mann in Begleitung seines alten Gönners und Kumpans, dem Prinzen des Friedens, Manuel Godoy, durch das Paris Louis Philippes spazierte. Llorente starb wegen seiner Schriften als ein Verfluchter. Der Inquisitor Arce, Edelmann aus dem Valle de Carriedo, eleganter junger Mann am Hof Maria Luisas, französisch gesinnter Erzbischof und Freimaurer, hat keinerlei Spuren hinterlassen[148]. Er entsprach nur wenig den Vorstellungen von einem Inquisitor, weder dem eingangs erwähnten, von Fachleuten entworfenen Berufsbild, noch den düsteren Gestalten der Inquisitoren, die Schriftsteller wie Dostojewskij beschrieben. Die einen, die die Inquisition als eine heilige Institution ansahen, sehen im Inquisitor einen vollkommenen Menschen, die anderen, Kommentatoren des 20. Jahrhunderts, beschreiben ihn entsprechend ihrer Gesamteinschätzung der Inquisition als einen hassens- und verabscheuenswerten Richter. Und es gibt noch andere Darstellungen.

1798 teilte Jovellanos, damals Justizminister, dem König Karl IV. seine Ansichten über die Inquisition mit und bezeichnete die Inquisitoren seiner Zeit als Ignoranten, die unfähig seien, ohne Zensoren zu urteilen. Dies gelte auch für die Zensoren selbst, »denn weil diese Tätigkeiten nicht dotiert sind, werden sie schließlich von Mönchen ausgeübt, die sie nur übernehmen, um an Almosen heranzukommen und vom Chor freigestellt zu werden, die keine fremden Sprachen kennen, die nur eine eingeschränkte Kenntnis von scholastischer Theologie und kasuistischer Moral haben und auch dabei nur die bewährten Ansichten ihrer Schule vertreten«[149]. Leidenschaften spielen hier keine Rolle mehr, es herrscht nurmehr die reine Ignoranz und Ungehobeltheit.

Schlußwort

Die spanische Inquisition war im 15. Jahrhundert mit der vorrangigen Absicht ins Leben gerufen worden, den Abfall der getauften Juden vom christlichen Glauben zu unterdrücken, und wurde nach bekannten Verfahren und Mustern eingesetzt. Manch moderner Autor scheint das Vorgehen der Zeugen und Denunzianten in jener schrecklichen Epoche mit der Entstehung einer religiösen Gerichtsbarkeit verwechselt zu haben. Wie dem auch sei, das spanische Inquisitionsrecht unterscheidet sich nicht wesentlich von dem anderer Länder. Ein wichtiger Unterschied besteht jedoch in der Qualität und der Quantität der Prozesse. Das Heilige Offizium ging zunächst unerbittlich gegen die Juden vor. Nachdem es deren viele hatte verbrennen lassen, unterdrückte es – ebenfalls mit Gewalt – das Aufkeimen des Protestantismus. Im 18. Jahrhundert wurden unnachsichtig alle Mönche und Geistlichen verfolgt, die üble Gewohnheiten an den Tag legten, und schließlich wurde es zu einer Art Gericht mit politischer Verantwortung, das sogar Ferdinand VII. Angst einflößte. Es bestrafte Leute, die Ärgernis erregende Dinge geäußert hatten, und erwies sich bei verschiedenen Gelegenheiten als schwach und willfährig gegenüber den wirklichen Machthabern. Die Inquisitoren, die den Prozeß gegen die Nonnen von San Plácido führten, zeigten ebensowenig Besonnenheit, wie die, die später den Protonotar Aragoniens verurteilten. Das Heilige Offizium bestand mehr als drei Jahrhunderte. Hinter Begriffen wie Heiliges Offizium oder Inquisition steckt jedoch mehr, als man glauben mag; so gibt es unüberbrückbare Unterschiede zwischen Diego de Simancas, einem Gelehrten des 16. Jahrhunderts, und José Antonio Llorente, dem Intellektuellen zu Beginn des 19. Jahrhunderts, oder zwischen Torquemada und Ramón José de Arce.

Die Essenz liegt zwischen den Extremen. In der Regel waren die Inquisitoren Männer, die die Dinge so akzeptierten, wie sie sich ihnen darboten, und die ihr Amt so ausübten wie andere das eines Landrichters, eines Oberfeldmeisters oder eines Admirals, das heißt mehr oder weniger gut, bis zu dem Zeitpunkt, an dem das Amt beim besten Willen nicht mehr aufrechtzuerhalten war. Wenn die Liberalen aus der Zeit der Verfassung, mit General Riego an ihrer Spitze, vom Heiligen Offizium sprachen, dann war von etwas ganz anderem als dem Heiligen Offizium der Zeit Karls IV. oder Karls III. die Rede. So lautet eine der Strophen des *Trágala*, eines Spottliedes auf die Absolutisten, das jener unselige General zusammen mit seinen Freunden sang:

Se acabó el tiempo
en que se asaba,
cual salmonete,
la carne humana[150].*

* (etwa:) Vorbei ist die Zeit,
in der man briet,
wie einen Lachs,
das menschliche Fleisch. [AdÜ]

Diese Zeit ging zu Ende, als die glühenden Patrioten erschienen. Seit den Jahren Philipps V. wurden keine spektakulären Autodafés mehr veranstaltet, bei denen die Könige zugegen waren. Die Schwanzschläge des todgeweihten Ungeheuers forderten jedoch noch lange Zeit manch blutiges Opfer.

In der Rede, die der ganz junge Graf von Toreno am 11. Januar 1813 vor den Cortes zu Cádiz hielt (einer der besten Beiträge in der Diskussion über die Abschaffung des Heiligen Offiziums), erwähnt er, daß noch 1768 in Llerena mehrere Menschen niedriger Herkunft sowie 1780 in Sevilla eine Hexe verbrannt wurden[151]. Anscheinend übernahm er diese wie auch manch weniger haarsträubende Information von einem ausländischen Autor.

Das Bild der Inquisition, das J. F. Bourgoing (der Autor, an den sich Toreno gehalten hatte) Ende des 18. Jahrhunderts in seinem bekannten Buch entwirft, gehört zu den genauesten Darstellungen, die ein »Außenstehender« hat vermitteln können. Sieht man einmal ab von Details zum Leben und Prozeß Olavides sowie von einigen schrecklichen Berichten, beispielsweise über die Hinrichtung verschiedener hartnäckiger Ketzer in Llerena im Jahr 1763[152] oder die Verbrennung einer Wahrsagerin und Hexe 1780 in Sevilla[153], gibt der Autor doch zu verstehen, daß seiner Erfahrung nach das Tribunal einen Großteil seiner früheren Strenge verloren hatte.

Als Beispiel erzählt er die Geschichte eines Bettlers, deren Zeuge er 1784 in Madrid wurde. Dieser Mann pflegte an der Tür einer Kirche um Almosen zu betteln und war dadurch berühmt geworden, daß er ein Pulver hergestellt hatte, das gelangweilte Liebhaber oder gefühllose Frauen stimulieren sollte, wenn man es unter gewissen Formeln und in bestimmten Haltungen einnahm. Der Bettler hatte eine begierige Kundschaft, und die Betrogenen wahrten in ihrer Mehrheit Stillschweigen. Einer jedoch erstattete Anzeige, und der Bettler und einige Frauen, die ihm als Werberinnen gedient hatten, kamen ins Gefängnis. Ein Prozeß wurde geführt, und es kam der Tag, an dem das Urteil – trotz der obszönen Details, die dabei zur Sprache kamen – in der Dominikanerkirche von Madrid verlesen wurde. Der Bettler wurde der Hexerei, der Entweihung und des Betruges für schuldig erklärt und zu lebenslänglichem Gefängnis nach Empfang der obligatorischen Peitschenhiebe an den bekanntesten Orten der Stadt verurteilt. Die Frauen – es waren zwei – wurden weniger streng bestraft. Danach zogen die drei Schuldigen los, auf Eseln sitzend, mit einem von Teufeln und anderen symbolischen Gestalten bemalten Büßergewand[154] bekleidet, auf dem Haupt die Büßermütze. Der Mann war ziemlich beleibt. Angeführt wurde der sie begleitende Zug vom Marquis de Cogolludo, dem ältesten Sohn des Herzogs von Medinaceli, der als ranghöchster Gerichtsfunktionär den Vorsitz innehatte. Es folgten weitere Granden und Adelige, Vertrauensleute des Heiligen Offiziums und Beamte des Tribunals. Die Leute erwarteten neugierig die Bestrafung, die – wie Bourgoing wörtlich sagt[155] – »n'eut au reste, rien d'affligeant pour la sensibilité. Jamais sentence méritée ne fut exécutée avec plus de douceur«*. Von Zeit zu Zeit

* »im übrigen nichts die Empfindlichkeit Verletzendes an sich hatte. Nie wurde eine verdiente Strafe mit so viel Sanftmut verabreicht.« [AdÜ]

wurde der Esel, auf dem der Bettler saß, angehalten, der Henker berührte seine Schultern leicht mit der Geißel oder der Rute, und sogleich reichte eine wohltätige Hand dem Opfer ein Glas Wein, um seine Kräfte neu zu beleben. »Il est à désirer« – schließt Bourgoing – »que le Saint Office n'ait jamais à exercer d'autres rigueurs.«* Auch andere Zeugnisse belegen, daß das Heilige Offizium damals in ähnlichen Angelegenheiten fast immer mit großer Milde vorging. Ketzer, die erbarmungsloser bestraft wurden, waren überführte Protestanten und diejenigen, die nach ihrer Taufe hartnäckig an den Gesetzen Moses' festhielten. Wie auch immer, im ganzen 19. Jahrhundert wurde das Heilige Offizium in Spanien wie auch im Ausland einhellig verflucht. Nach den Wirrnissen der Revolution von 1868 tauchten jedoch im Zuge der konservativen Reaktion der Anhänger Alfonsíns und Cánovas wieder entschlossene Verteidiger des Offiziums auf... An ihnen hat es bis in unsere heutige Zeit hinein nicht gefehlt.

* »Es ist zu wünschen, daß das Heilige Offizium niemals eine größere Strenge an den Tag legen möge.« [AdÜ]

KAPITEL 2

LOPE DE AGUIRRE, »DER VERRÄTER«

*Omnia si perdideris, famam servare memento**

Vorbemerkungen

Es gibt Episoden in der Geschichte, die der moderne Mensch vergeblich mit den ihm eigenen moralischen Maßstäben zu beurteilen sucht. Da hilft auch keine langjährige bürgerliche Erziehung, die – sei sie nun liberal oder konservativ – von gewissen ethischen Skrupeln geprägt ist. Und es gibt bestimmte Persönlichkeiten, die sich jedem Versuch einer getreuen, objektiven Schilderung entziehen. Auch wenn wir uns noch so sehr bemühen, es wird uns nur gelingen, verzerrte Karikaturen hervorzubringen. Sie sind die Frucht unseres Schreckens, der wiederum das Erbe einer langen Reihe von Schreckensbildern ist.

Zu den wohl furchtbarsten historischen Episoden zählt die Expedition der »Marañones«**. Ihr letzter Anführer, Lope de Aguirre, ist – nach landläufiger Meinung – eine der furchtbarsten Gestalten der Geschichte, der sowohl Fachleute wie Außenstehende stets zu entsetzten oder bewundernden Kommentaren angeregt hat. Diejenigen, die als erste seine Taten beschreiben, taten dies vielleicht weniger aufgeregt gestikulierend als spätere Autoren, obwohl sie noch den direkten, persönlichen Schrecken verspürten, den Lope einflößte. Ganz zu schweigen von Historikern oder einfachen romantischen und postromantischen Schriftstellern, denen es in erster Linie auf stilistische oder rhetorische Wirkung und auf leidenschaftliche Vergleiche ankam. Den Reigen derjenigen, die sich mit Eindringlichkeit über Lope ausließen, eröffnete Don Alonso de Ercilla y Zúñiga:

Ich war dort, bis die Leute zurückwichen
und der große Marañón seinen Einzug hielt.
An jenem Tag ließ Lope de Aguirre,
unbarmherziger noch als Nero und Herodes,
so viele Freunde über die Klinge springen,
auch seine geliebte Tochter,
aus keinem anderen Grund oder Anlaß,
als sie gemeinsam sterben zu sehen[1].

Zwei weitere Beispiele für Lopes Berühmtheit: Sir Walter Scott, ganz rasender *Tory*, verglich Aguirre in seiner Napoleon-Biographie mit dem Korsen[2], was wiederum die Entrüstung Saint Beuves zur Folge hatte[3]. In unserer Zeit hat ihn G. Papini, ein bekannter italienischer Schriftsteller der

* Selbst wenn du alles verlierst, bewahre deinen Ruhm. [AdÜ]
** Dieser Name leitet sich vom Marañón, dem peruanischen Hauptquellfluß des Amazonas ab. [AdÜ]

eher bombastischen Art, in seinem *Juicio universal*[4] wieder ins Rampenlicht gestellt. Lope de Aguirre, eine Persönlichkeit, die trotz allem nur in wenigen Enzyklopädien und biographischen Verzeichnissen erwähnt wird[5], hatte stets einen sehr schlechten Ruf. Sein äußerst negatives Ansehen wurde in letzter Zeit womöglich noch dadurch verstärkt, daß die alten Schriften, die es begründeten, stärkere Verbreitung gefunden haben.

Lope de Aguirre ist nur einer der Mitwirkenden in einem Drama voller Gewalt. Dennoch gibt es für die kastilischen Chronisten und die Historiker, die deren Geist geerbt haben, nichts, was ihn entschuldigen könnte. Die Basken hingegen, seine Landsleute, die heutzutage oft friedfertige und furchtsame Menschen sind, stolpern immer wieder über ihn und versuchen auch stets, ihn in irgendeiner Weise zu verteidigen...[6]. Die Basken betrachten Lope de Aguirre als ein, psychologisch gesehen, äußerst interessantes Monster, während die Kastilier ihn als eine reine Ausgeburt der Hölle ansehen und im übrigen davon ausgehen, daß derartige Ausgeburten ohnehin keine menschlichen Züge tragen. Außerhalb Spaniens findet man ähnlich unterschiedliche Meinungen. Manche Autoren glauben hinter dieser dramatischen Figur einen märchenhaften Charakter ausmachen zu können, während andere in ihm nur eine lange Reihe von Verraten oder einen psychologischen Fall gesehen haben. Ich möchte mich denen anschließen, die versuchen, ein psychologisch-literarisches und vor allem historisches Bild von Lope de Aguirre zu entwerfen, das über den Gemeinplatz seines Irrsinns und seiner Verrücktheit, die offensichtlich waren, hinausgeht. Zu diesem Zweck werde ich jedoch anders vorgehen als die meisten baskischen Schriftsteller, die sich auf eine für die Basken eher untypische lyrische, rhetorische und sehr engagierte Weise mit ihm befaßt haben. Zunächst möchte ich die außergewöhnliche Persönlichkeit dieses Mannes in das seltsame soziale Umfeld stellen, in das er hineingeboren wurde. Mit anderen Worten: Es geht darum, seine Wurzeln zu erforschen, festzustellen, wo sie mit seinem Wesen und seinen Vorstellungen verbunden sind. Diese Vorstellungen sind mindestens ebenso wert analysiert zu werden wie seine Taten.

Lope de Aguirre, ein Baske aus Oñate, und seine Erziehung

Lope de Aguirre war einer von vielen Lopes de Aguirre seines Landes. Er war nicht »Guipuzcoano«*, sondern betrachtete sich nach eigenen Aussagen[7] und gemäß den Berichten über seine Taten als ein »Baske«, wenn er auch in Oñate geboren wurde (oder dort lebte)[8]. Aus Oñate zu sein, bedeutete aus einer ganz besonderen Gegend zu stammen; denn diese Domäne gehörte im 15. und 16. Jahrhundert mal zu Alava und dann wieder zu Guipúzcoa, was ihr innerhalb des ohnehin archaischen Baskenlandes einen besonderen Ruf verlieh[9]. Lope de Aguirre, ein Biskayer gemäß der in Kastilien und in den Gebieten kastilischer Sprache wie auch in Frankreich und England üblichen Bezeichnung

* Einwohner der Provinz Guipúzcoa, einer der drei Provinzen des Baskenlandes (neben Alava und Biskaya). [AdÜ]

für einen Basken, war entweder mit dem Hauptgeschlecht der baskischen Aguirres verwandt oder stammte aus Araoz, wie seine letzten Biographen angenommen haben[10].

Bei großen, weit verzweigten Familien wiederholen sich allzuhäufig gleiche Vor- und Nachnamen. So lebten auch in der Gegend von Oñate gleichnamige Vorgänger des berühmten Lope de Aguirre[11], und selbst in Amerika gab es zu seiner Zeit wie auch schon vor ihm Namensvetter. In Diego Fernández' *Historia del Perú* ist an einer bestimmten Stelle von einem »Lope de Aguirre, *dem Älteren*« die Rede, den man zweifellos auf diese Weise von einem anderen unterscheiden wollte[12] und der sich unter den Verschwörern befand, die den General Pedro de Hinojosa ermorden wollten. Es hat den Anschein, daß es sich um unseren Aguirre, den aus Oñate, handelte. Dieser wurde zwischen 1511 und 1516 geboren, denn bei seinem Tod war er zwischen fünfundvierzig und fünfzig Jahre alt. Die ersten zwanzig Jahre seines Lebens liegen für uns in völliger Dunkelheit. Erst 1536 tauchen die ersten Dokumente auf, die sich auf ihn beziehen könnten[13]. Aus ihnen sind aber keine genaueren Rückschlüsse auf seinen Charakter zu ziehen. Eine Untersuchung, die nach den Schriften von Emilio Jos veröffentlicht wurde, belegt jedoch, daß er bereits zuvor aktiv an »rebellischen« Handlungen beteiligt war[14].

Ich möchte nun auf seine Gedanken und Vorstellungen eingehen, die er aus seiner Heimat nach Peru und Amazonien mitbrachte. Als Grundlage hierfür dienen mir seine Schriften und vor allem sein Brief an Philipp II.

Ich werde dabei in zwei Schritten vorgehen: Zunächst die Einleitung, die auf einige formelle Dinge eingeht, dann ein zweiter, ausführlicher Teil, in dem untersucht werden soll, was bei einem Basken des 16. Jahrhunderts noch *normal* ist und was – sei er nun ein Baske oder nicht – als eindeutig krankhaft zu bezeichnen ist.

Über Lope de Aguirres Erziehung ist wenig bekannt, und manches ist nur eine Schlußfolgerung. Er war jedoch für seine Zeit und sein Umfeld recht gebildet und kein Analphabet wie andere Entdecker und Konquistadoren. Juan Carlos de Guerra verwies zunächst darauf, daß die Schrift und vor allem die Unterschrift Lope de Aguirres geradezu kalligraphisch zu nennen ist. Dies brachte den alten Genealogen auf den Gedanken, daß er vielleicht aus einer Notars- und Kalligraphenfamilie aus Legazpia stammte[15], in der es einige Lopes gibt, und daß der aus Oñate oder seine Vorfahren in diese Gegend gezogen waren[16]. Der Umstand, daß ein Guipuzcoano »hervorragend schreiben« konnte, spiegelt jedoch eine geradezu klassische Tradition wider. Von Juan de Iciar über Madariaga und andere Pädagogen und Kalligraphen bis Iturzaeta glänzten die Basken im 16. und 17., auch im 18. und selbst im 19. Jahrhundert in der Kunst des Schönschreibens. So übten sie häufig den Beruf eines Sekretärs, Notars oder Schreibers aus[17]. In Schilderungen des 16. und 17. Jahrhunderts werden stets ihre Qualitäten als Schreiber hervorgehoben, was sie den Juden ähneln ließ, zumindest nach Ansicht derer, die ihnen nicht wohlgesonnen waren[18].

In einer Novelle Castillo Solórzanos (*El Proteo de Madrid*, 1625) wird ein junger Baske, der gerade an den königlichen Hof gekommen ist, sehr anschaulich beschrieben: »In den Dienst des Grafen trat nun ein Page aus dem Dorf Oñate, Sohn eines seiner Vasallen. Der Biskayer erschien – so wie viele, die für gewöhnlich von ihren Vätern an den Hof geschickt werden, um sich nützlich zu machen – in einem blauen Wams, schwarzen Kniehosen, einem Spitzhut, einem sehr alten, kurzen Mantel aus Courtrai-Tuch, Stoffstrümpfen, festen Schuhen, einem groben und sehr kurzen Kragen und dem Schreibzeug am Gürtel, denn dieses ist ihr wichtigstes Werkzeug, das es ihnen ermöglicht, so hohe Stellungen einzunehmen«[19].

In *El Menandro* von Matías de los Reyes, gedruckt im Jahr 1636 in Jaén, lesen wir: »...unter den Galanen unseres Pfarrsprengels befand sich auch ein Schreiberling, von Nationalität Biskayer, einer von denen, die ihr Vaterland verlassen und sich nach Kastilien begeben, um ihre Einkünfte aufzubessern und ihrer Herkunft Ehre zu machen. Dazu benutzt man heutzutage die Feder so, wie man sich früher des Schwertes bediente. Ihm oblagen die Geschäfte eines genuesischen Heereslieferanten, der wie viele andere aus denselben Gründen wie die Biskayer nach Kastilien gekommen war«[20].

Pomp und Witz

Aber auch unter den Schreibern gibt es solche und solche. Manche sind plump, andere fein. Sehen wir einmal von Lopes kalligraphischen Fähigkeiten ab, war er ein Mann der leichten, wenn auch ungenauen Feder, was nicht so sehr auf seine Nationalität als Baske sondern vielmehr auf seine zum Abrupten und Unzusammenhängenden neigende Art zurückzuführen ist. Fray Reginaldo de Lizárraga, der zwar keinen seiner Briefe kopiert hat, aber erklärte, sie alle gelesen zu haben, versichert, daß sie tausend unsinnige Stellen aufwiesen, »wenngleich es doch recht vergnüglich sei, sie zu lesen, und sei es nur um der *Frasis* willen, die er, ich weiß nicht von wem, gelernt haben mag«[21]. Bei dieser *Frasis* handelt es sich um eine Besonderheit des baskischen Humors, der sich vom kastilischen und englischen, aber auch vom andalusischen und galicischen Humor unterscheidet und den man heute noch in den Unterhaltungen alter Bauern studieren kann. Dieser Humor besteht im wesentlichen darin, fast in einem Atemzug und in gleichgültigem und unschuldigem Ton zwei sich völlig widersprechende Dinge zu sagen oder in Augenblicken von wirklicher (oder vorgetäuschter) Wut spaßhafte Äußerungen mit wilden Gesten zu begleiten. Der erwähnte Fray Reginaldo vermittelt uns mit den folgenden Worten ein Bild Lopes, bevor dieser ein berühmter Mann wurde: »Mit diesem Ruf versehen[22] stieg von Cuzco und aus noch größerer Höhe ein Biskayer namens Lope de Aguirre herab, ein Mann von mittlerer Körpergröße, nicht sehr gut gebaut, hinkend, ein großer Schwätzer und Flucher, um nicht zu sagen jemand, der vom Glauben abgefallen ist, mit seiner Tochter, einer Mestizin, von nicht unangenehmem Äußeren; diesen Lope de Aguirre hatte ich, als ich noch nicht im Dienst der Kirche stand, viele Male im Laden eines biskayischen Schneiders sitzen sehen, und wenn er zu sprechen anfing, überschwemmte er mit seinem Geschrei die gesamte Straße«[23]. An wen erinnert diese cholerische

Person? Ein wenig zweifellos an den »Biskayer« Sancho de Azpeitia, den von Don Quijote besiegten cholerischen Schildknappen[24], und an andere »Biskayer«, die in der Dichtung und auch in allgemeinen Einschätzungen als jähzornig und hochmütig dargestellt werden. In einem Bericht aus dem Jahr 1557 schreibt der venezianische Botschafter Federico Badoero folgendes über die Spanier: »Il principal lor vitio è la superbia, nella quale i Biscaglini avanzano gli altri, et generalmente si lasciano transportar immediato dal sdegno et ira, et usano parole altiere et superbe, pensando con queste óttener l'intento loro...«[25]*. Immer wieder finden sich Belege für den Ruf der Basken – zur Zeit Lopes – als jährzornige und aufbrausende Menschen[26]. Heutzutage dagegen werden die burlesken Erzählungen und Aussprüche, die man ihnen wegen der mangelhaften Beherrschung des Spanischen und mit parodistischer Absicht zuschrieb, nicht mehr gesammelt[27]. Lope de Aguirre scheint ein geistreicher Mann gewesen zu sein, selbst in den Augen derjenigen, die ihn am meisten haßten: »Für einen Mann ohne Bildung war er von scharfem und wachem Geist« lesen wir im Bericht über die Omagua-Expedition[28]. Es finden sich in diesem Bericht, vor allem in der Schilderung Toribio de Ortigueras, Stellen, die belegen, daß er keineswegs so ungebildet war, wie behauptet wird. Verglichen mit Pizarro oder Almagro wirkt er fast wie ein Gelehrter, der mit Vorliebe rhetorische Mittel, Sinnsprüche und pomphafte Redensarten zu verwenden pflegte. Nein, Lope de Aguirre war kein ungebildeter Mann. Neben dem, was aus seiner gepflegten Schrift (oder Unterschrift) zu schließen ist, finden sich in seinen Briefen Bezüge auf die biblische Geschichte, auf Nebukadnezar und dessen Hochmut[29], auf die Späher Moses' in der Wüste[30], Latinismen wie »la superba Germania«[31] und Kenntnisse über die globale Politik Philipps II. gegenüber Frankreich und der Türkei[32]. All dies zeugt von einem Menschen, der auch nachdenken konnte, was ihn jedoch nicht daran hinderte, sich vor allem als Soldat zu betrachten und mit Geringschätzung von den »ombres ceuiles«, den Zivilisten, zu sprechen[33]. Welches Geheimnis mag sich wohl hinter den ersten Jahren seines Lebens verbergen, das ihn alles Zivilistische so hassen läßt, obwohl er doch eine im wesentlichen bürgerliche Erziehung genossen hat?[34]. Der Bericht Vázquez' enthält mehrere Passagen, aus denen hervorgeht, daß Aguirre sogar ein Mann von einer gewissen klassischen Bildung war. Ein früherer Hauptmann Pedro de Ursúas, verärgert darüber, daß er nach dessen Tod zu einem bloßen »Marañón« degradiert worden war, sagte, als er mit einem gewissen Villatoro aneinandergeriet: »Audaces fortuna juvat, timidosque repellit«.** Aguirre vernahm dies und ließ ihn mit dem Halseisen erdrosseln[35], da er zweifelsohne der Auffassung war, Pero Alonso Casco oder Caxco, wie der Ex-Hauptmann hieß, sei ihm gegenüber zu dreist gewesen. Bei einer anderen Gelegenheit, in einer äußerst gefährlichen Lage, erzählte er seinen Leuten von einem bedrohlichen Erlebnis, das den Römern widerfahren war. Doch seine Zuhörer schwankten so zwischen Angst und Hoffnung,

* »Ihr größtes Laster ist der Hochmut, darin übertreffen die Biskayer alle anderen; sie lassen sich leicht von Ärger und Zorn hinreißen, und sie führen stolze und hochfahrende Reden im Glauben, daß sie so ihren Willen bekommen...« [AdÜ]

** »Den Verwegenen hilft das Glück, die Ängstlichen stößt es zurück.« [AdÜ]

daß, wenn sie sich auch später an diese so gebildete Anwandlung erinnerten, doch niemand sagen konnte, was Aguirre eigentlich erzählt hatte[36]. Ortiguera berichtet, wie Aguirre in seinem Respekt vor Don Fernando mit gewaltigen Worten von den Heeren Xerxes' spricht[37]. In seinen Äußerungen fehlen auch nicht Bezüge zu Romanzen[38] und literarischen Persönlichkeiten[39], auch wenn er nicht so verschwenderisch wie Francisco de Carvajal alte Lieder und Verse zitiert. Lope de Aguirre hatte eher eine Vorliebe für furchtbare und feierliche Taten und Aussprüche sowie für provozierende Ironie. Bei den schlimmsten und tragischsten Anlässen pflegte er die Diminutive zu verwenden, die nach Aristoteles' Auffassung typisch für die aristophanische Muse, das heißt für beißenden Spott, sind und in guter Rhetorik nicht zu oft vorkommen sollten, Verkleinerungsformen, die das Schlechte aber auch das Gute abschwächen[40]. So befahl er die Hinrichtung mehrerer »Aufrührerlein«[41] oder eines Mannes, der sich als »unnütz und zurückgeblieben«[42] erwiesen habe, ganz als ob es sich um eine schlechte Schulnote handle. Selbst kurz vor seinem Tod kamen ihm noch ironische Gedanken an die klassische Geschichte: »Ich weiß sehr wohl, daß ich mich zu verdammen habe« – soll er gesagt haben – »aber in der Hölle werde ich nicht niederes Volk sondern Alexander den Großen, Julius Caesar, Pompeius und andere Fürsten der Welt treffen«[43]. All dies zeigt deutlich, daß Aguirre trotz aller Verlautbarungen über seine mangelnde Bildung und Gelehrtheit, eine humanistische und religiöse Grundlage, kurz eine *bürgerliche* Bildung besaß.

Wenn wir seine Schriften und Handlungen sorgfältig untersuchen, können wir auch feststellen, daß sie von gewissen juristischen Theorien beeinflußt sind, die weniger einem Richter zur Zeit Philipps II. nahe stehen, sondern eher einem Gelehrten des 15. Jahrhunderts, genauer gesagt, einem Gelehrten aus dem Baskenland. Hinter dem weitverbreiteten Bild des Zureiters[44], des geschwätzigen und streitsüchtigen Soldaten verbirgt sich ein Mann, der von mittelalterlichen Vorstellungen hinsichtlich der grundlegenden Gesetze des Lebens geprägt war. Befassen wir uns etwas näher mit diesen Vorstellungen.

Die Vorstellung des »Mehr-wert-seins«

Am Anfang des Briefes Aguirres an Philipp II. findet sich ein Absatz, in dem der kleine Hauptmann folgendes schreibt: »In meiner Jugend fuhr ich über den Ozean nach Peru, um mit der Lanze in der Hand *mehr wert zu sein* und der Pflicht nachzukommen, die jedem rechtschaffenen Mann obliegt...«[45]. Wie ich bereits in einer anderen Abhandlung zu erklären versucht habe, ist dieses *Mehr-wert-sein* keine bloße Phrase. Das *Mehr-wert-sein* ist eines der grundlegenden Elemente des Ehrenkodex' gegen Ende des Mittelalters, eingebettet in ein System von Parteien und Sippen, wie dasjenige, das den Norden Spaniens im 15. Jahrhundert dominierte und das die Katholischen Könige und ihre Helfer besonders erfolgreich bekämpften[46]. Dies wird besonders deutlich in verschiedenen Schriften Lope García de Salazars und Juan de Padillas, genannt der Cartujano[47]. So schreibt Lope García de Salazar, daß der Kampf der Urtubias oder Urtubies, des Labourd und der Ugartes aus Guipúzcoa seine Ursache hatte »im Neid und *in der Frage, wer mehr wert sei, wie es dies stets unter allen Generationen, die bis heute auf der Welt gelebt haben und die noch bis zum Ende der Welt hier leben werden, der Fall ist.*« Diese Feststellung findet sich auch in vielen anderen Schriften, in denen das »Mehr-wert-sein« als Antriebskraft jeder Handlung freier Menschen betrachtet wird[48].

In seiner dantesken Reise in die Unterwelt, in den Bereich, in dem die Mörder büßen, trifft Juan de Padilla einen Verurteilten, der sich folgendermaßen beschreibt:

> *Ich bin ein Mann aus dem wilden Gebirge,*
> *und weinend fährt Gamboyno fort:*
> *so viel tödliches Unheil habe ich verursacht,*
> *daß ich eine derartige Strafe wohl verdient.*
> *Zwei Engländer habe ich in blinder Raserei,*
> *ohne daß sie es verdienten, mit eigenen Händen getötet,*
> und in Bilbao, um mehr wert zu sein,
> *beging ich eine nicht geringere Tat,*
> *dort, wo die Stadt verloren zu sein schien*[49].

Auch andere Texte, in denen nicht ausdrücklich vom Mehr-wert-sein die Rede ist, veranschaulichen diese Vorstellung: »Navarreser, Biskayer und Basken werden durch blutige Parteienkonflikte und ewige, unerbittliche Rivalitäten zerrissen, die die von den Biskayern und Guipuzcoanern von ihren Seefahrten mitgebrachten Reichtümer und den von den Navarresern und Basken auf ihren Äckern produzierten Überfluß verschlingen. Sie alle widmen sich ganz dem Raub und versuchen, die Stärke ihrer Parteien durch Versammlungen und Gastmähler, auf die sie den größten Teil ihrer Zeit verschwenden, zu mehren. Sie beachten weder Gesetze, noch sind sie in der Lage, das Land ordentlich zu regieren«. Der Autor, Alonso de Palencia, bezog sich dabei auf den Zug Heinrichs IV. von Kastilien ins Baskenland, wo dieser einen der wenigen Erfolge seines Lebens verbuchte[50]. Lassen wir das unbeachtet, was die reine Abneigung dem Chronisten eingegeben hat. Heben wir vielmehr hervor, daß das »Mehr-wert-sein« auch eine wirtschaftliche Seite hatte. Die edlen Parteigänger waren zugleich auch Händler und Kaufleute. Ein großer Kaufmann war beispielsweise Martín Pérez de Licona (ein Nachkomme mütterlicherseits des Heiligen Ignacio), der 1414 als Feind der Yarzas und als Anführer einer Partei erwähnt wird[51]. Die Kämpfe dauerten viele Jahre an, und auch wenn sie manchmal unter juristisch erklärtem Verzicht auf weitere Handlungen beendet zu werden schienen[52], war doch die Zeit Johannes' II. und Heinrichs IV. so bewegt wie die vorherigen drei oder vier Regierungszeiten zusammen. Erst mit der Herrschaft der Katholischen Könige endeten in diesem Teil des Landes die blutigen Parteienfehden, wenngleich sie in anderen Regionen Spaniens bis ins 18. Jahrhundert andauerten. So darf es uns nicht verwundern, daß Lope de Aguirre, der zu Beginn des 16. Jahrhunderts geboren wurde, sich dieser Situation noch bewußt war. Selbst der nach ihm, nämlich 1525, geborene

Esteban de Garibay y Zamalloa vermochte in seinen Lebenserinnerungen eine erstaunliche Anzahl von Zeugnissen bezüglich der Kämpfe und Rivalitäten des 15. Jahrhunderts zu sammeln[53]. Aber bleiben wir bei unserem Mann und seinen Vorstellungen.

In seinem Brief an den Provinzial Fray Francisco Montesinos machte Lope folgende Anmerkung zum Begriff des »Mehr-wert-seins«: »...zunächst kommt der Glaube an Gott, aber wer nicht mehr wert ist als ein anderer, ist gar nichts *wert*«[54]. Beide Briefe Aguirres (der an den König und der letztgenannte an den Mönch) und auch derjenige an Collado, den Gouverneur Venezuelas[55], legen Zeugnis ab von der großen Enttäuschung angesichts der Diskrepanz zwischen dem, was er als gerechten Lohn für das »Mehr-wert-sein« im Dienst des Königs empfand, und dem, was er tatsächlich dafür erhielt. Man kann sagen, daß Lope de Aguirre, der zweifellos die Moral des baskischen Parteigängertums sozusagen mit der Muttermilch eingesogen hat, so reagiert wie es auch sein Vater, sein Großvater oder ein noch fernerer Vorfahr getan haben könnte. Der Hauptmann Diego Hernández, der am 28. August 1561 vor dem Gericht von Santo Domingo aussagte, weil er sich zu der Zeit auf Margarita aufhielt, als Lope de Aguirre die Insel in Aufruhr brachte, führte unter anderem an, daß er den erwähnten Brief gelesen habe und sich an seinen Anfang erinnern könne. Er zitiert einige Passagen aus dem Gedächtnis und erklärt dabei, daß Aguirre geschrieben habe, daß es »seit der Zeit Adams hier keinen König gegeben habe; wer mächtiger sei, sei auch mehr wert«[56]. Er schreibt ihm also fast denselben Ausspruch zu, den wir auch bei Lope García Salazar finden. Dieser Begriff des »Wertes« (valía) war so eng mit dem der »Partei« (banda) verknüpft, daß er mitunter mit diesem verschmolz (balía)[57].

Hier ist anzumerken, daß die Wendungen »etwas wert sein« oder »nichts wert sein« (*überhaupt nichts wert sein* wie Aguirre zu schreiben pflegte), auch heute noch häufig von den baskischsprechenden Bauern gebraucht werden: »Deusik ez du *balio*«* oder ähnliche Wendungen finden sich noch erstaunlich oft[58].

Die »Denaturalisierung« und ihre Bedeutungen

*I*m zweiten Absatz des Briefes an Philipp II., den ich hier ausführlich kommentieren möchte, lesen wir: »...ich habe de facto mit meinen Gefährten, deren Namen ich später nennen werde, den Gehorsam Dir gegenüber verlassen; wir haben uns *denaturalisiert*, das heißt, die Zugehörigkeit zu unserem Land Spanien aufgegeben, um Krieg gegen Dich zu führen, einen Krieg, der so grausam ist, wie es unsere Kräfte nur erlauben und erdulden«[59]. Der Begriff »Denaturalisieren«[60] hat eine juristische Bedeutung, die kommentiert werden muß. »Die Zugehörigkeit und die Lehnspflicht sind die wichtigsten Aufgaben, die ein Mann gegenüber seinem Herrn haben kann«. Mit diesen Worten beginnt ein Gesetz aus dem zweiten Gesetzbuch Alfons' des Weisen, in dem die

* Das ist nichts wert. [AdÜ]

bestehenden Bande genau festgelegt werden. Herren und Vasallen sind durch diese Bande gewissen Pflichten unterworfen. Dies mag in erster Linie für die Vasallen gelten, aber das ist eine andere Geschichte. In dem erwähnten Gesetzbuch, wird – wenn auch etwas vage – angeführt, aus welchem Grund und wann jemand sich denaturalisieren, das heißt das Lehnsverhältnis verlassen kann: »Man darf seinen Herrn nur verlassen oder sich denaturalisieren, wenn ein äußerst wichtiger und gerechter Grund vorliegt. Dieser ist zunächst klar und deutlich zu beschreiben und dann bis zu drei Mal am Hof des Herrn eindeutig zu belegen. Wird auf eine andere Weise verfahren, ist dies ungültig...«[61]. Im vierten Gesetzbuch finden wir ein weiteres Gesetz, in dem erläutert wird, wie man das Heimatrecht *verlieren* kann. *Es gibt nur vier* Gründe hierfür: *einen, vom Vasallen verschuldeten,* wenn er Verrat begeht und seine Ehre, sein Vermögen und sein Land verliert; *drei Gründe, bei denen eine Schuld des Herren vorliegt,* wenn er den Vasallen unbegründet und unberechtigt *sich zu Tode arbeiten läßt,* wenn er *dessen Frau entehrt* und wenn er *ihn zu Unrecht verstößt* »und ihm durch das Urteil von Freunden oder bei Hofe nicht Recht zuteil wird«[62]. Mein Lehrer Valdeavellano hat mich darauf hingewiesen, daß die Gesetzbücher Alfons' des Weisen, die sogenannten »Partidas«, einen eher theoretischen Charakter besitzen. Es gibt andere Gesetzestexte, die der mittelalterlichen Praxis näherstehen, wenngleich sie nicht den juristischen Begriff der »Desnaturalización« verwenden, der uns hier am meisten interessiert und der durch die kastilischen Lexikographen Eingang in das gehobene Spanisch gefunden hat[63]. In Abschnitt IV des ersten Buches des *Fuero viejo de Castilla,* der alten kastilischen Gesetzessammlung, die wohl von Alfons VIII. verkündet und zur Zeit Pedros I. überarbeitet wurde, ist ausführlich die Rede von den »ricos omes«*, die der König von seinem Land verstößt«[64]. Der Abschnitt ist in zwei wichtige Paragraphen untergliedert. Im ersten werden die »ricos omes« behandelt, die verstoßen oder ihrer Rechte enthoben werden und mit ihren Vasallen oder Freunden das Land verlassen können, die »fijodalgos«**, die sich in der gleichen Lage befinden, sowie Angehörige beider Gruppen, die das Land auf eigenen Wunsch und nicht aufgrund einer Anordnung des Königs verlassen und nie Krieg gegen ihn führen dürfen.

Im zweiten Paragraphen wird erklärt, daß der König dem Verstoßenen eine Frist von dreißig Tagen, zuzüglich neun, zuzüglich drei Tagen, nebst einem Pferd, gewähren muß. Darüber hinaus ist dieser berechtigt, einen Führer und »Verpflegung für sein Geld« zu erhalten. Falls der Verstoßene Krieg gegen den König führt, kann der König ihn vernichten, und zwar »alles, was ihm gehört, auch ihn selbst, und diejenigen, die ihn begleiten, seine Häuser und sonstigen Besitz sowie auch die Türme schleifen und alle Bäume fällen«. Dies gilt nicht für ererbten Grundbesitz. Die Gründe, aus denen ein Mann »sein Lehnsverhältnis verlassen« kann, werden hier weniger präzise als in den »Partidas« definiert:

- wenn er durch Beschluß des Gerichtshofes auf irgendeine Weise entrechtet wird;

* Ricohombre, Angehöriger des spanischen Uradels [AdÜ]

** Fijodalgo oder Hidalgo: Edelmann ohne Adelstitel [AdÜ]

– wenn der König irgendeinem Vasallen des Edelmannes seine Rechte entzieht;
– wenn der König dem Edelmann sein Land wegnimmt.

Es wird stets die Notwendigkeit festgesetzt, den Fall vor ein Gericht zu bringen. Neben diesen Gesetzen, die von kastilischen Monarchen verkündet wurden, sollte noch an eine Passage aus einem Brief des Grafen von Pallars aus dem Jahr 1304 erinnert werden, die Du Carge zitiert und nach der eine bestimmte Person »absolvimus, liberamus, et quitamus ab homagio, *naturalesia*, et fidelitate, aliis, omnibus vinculis et obligationibus« *[65]. In einem Brief des Königs von Aragonien aus dem Jahr 1179 ist des weiteren von der »Naturalitas«, der Zugehörigkeit zu einem Lehnsherren, die Rede, so als ob es sich um ein dem Untertan innewohnendes Gut handle[66]. Es scheint, daß Lope de Aguirre den Gesetzestext Alfons' des Weisen mehr als alle anderen, die zweifellos weniger bekannt waren, im Kopf hatte. Nicht nur wegen der Sprache, die er benutzte, sondern auch wegen der Bedeutung, die er dem Akt seiner »Denaturalisierung« verlieh.

Die »Marañones« konnten sich tatsächlich nicht an ein Gericht wenden, als sie diese Entscheidung trafen. Aber aus den Briefen Lope de Aguirres und aus anderen Texten geht eindeutig hervor, daß sie sich gezwungen sahen, *tödliche Mühen auf sich zu nehmen und dabei des ihnen zustehenden Vermögens beraubt wurden*. In Aguirres Schreiben an den Provinzial lesen wir: »Weder ich und noch viel weniger all diese Leute, die mich begleiten, von denen manche hinken und andere gesund sind, werden leugnen, daß wir wegen des großen Elends, das wir dort erlitten haben, Peru den Rücken gekehrt und uns auf den Weg zum Marañón-Fluß gemacht haben, um diese Gegend zu entdecken und zu besiedeln, und wenn wir ein Stück Land finden, und sei es noch so elend, so werden wir rasten, um unseren traurigen Körpern Ruhe zu gönnen, denn sie sind mehr von Narben als von armseliger Kleidung bedeckt. Aber trotz all dieses Elends und der erlittenen Strapazen merken wir, daß wir von Gottes Gnade leben, denn der Fluß, das Meer und der Hunger haben unser Leben bedroht, und wer uns nun angreift, wird feststellen, daß er gegen die Geister toter Männer kämpft«[67]. Ich glaube nicht, daß ein Berufsschriftsteller, der auf stilistische und rhetorische Wendungen zurückgreift, sich wirkungsvoller als Lope de Aguirre ausdrücken könnte. Er wußte, daß seine »Denaturalisierung« im Zeitalter Philipps II. jeder Rechtsgültigkeit entbehrte. Doch er betrachtete sich bereits als einen Toten, nicht mehr und nicht weniger. Er war auch der Auffassung, daß er und seine Männer nicht die *Belohnung* erhalten hatten, die man ihnen schuldete[68]. Es geht mir an dieser Stelle weder darum, die rechtliche Gültigkeit seiner Handlung in jener Zeit noch deren mögliche Beziehung zu den früheren oder späteren Unabhängigkeitserklärungen Amerikas zu untersuchen, vielmehr möchte ich auf deren typisch »mittelalterlichen« Charakter und auf die Bedeutung verweisen, die ihr Lope de Aguirre verlieh, der nach der alten Devise handelte: »aut Caesar aut nihil« **[69].

* »freigesprochen, befreit, und des Lehnseides, der Zugehörigkeit und der Lehnstreue sowie aller anderen Bande und Verpflichtungen enthoben wird« [AdÜ]

** »Alles oder nichts« [AdÜ]

Der Akt und die Urkunde der »Denaturalisierung« werden in allen Berichten und nicht nur im Schreiben Aguirres erwähnt. Vázquez erklärt sie als direkte Folge einer »Überlegung« Lopes[70]. Laut Hernández zwang Aguirre die Soldaten, ein leeres Blatt zu unterschreiben, und setzte dann die Urkunde auf, mit der sie das Lehnsverhältnis verließen, das heißt, die Zugehörigkeit zu den spanischen Königreichen aufgaben, um Guzmán anzuerkennen[71]. Der Bericht des anonymen Autors stimmt mit Vázquez überein[72]. Ortiguera wiederum zerlegt die Handlung in verschiedene zeitliche Abschnitte, wobei er den 26. März 1560 als Datum der Denaturalisierungsurkunde festsetzt[73]. Vargas-Zapata weist darauf hin, daß die Soldaten aus freien Stücken unterschrieben und daß er, zusammen mit vier oder fünf Verwandten oder Freunden Ursúas, sich nicht »denaturalisierte«[74]. Die mangelnde Übereinstimmung der Berichte spricht meiner Ansicht nach bei den einen für die Angst vor der übernommenen Verantwortung, bei den anderen für die Absicht, ihre Tat zu verherrlichen. Sie tun dies beide in dem verständlichen Wunsch, am Leben zu bleiben. Lope de Aguirre jedoch stand jenseits dieser sehr menschlichen Gedanken.

Spätere Schriftsteller, wie Fray Pedro de Aguado (an den sich, Punkt für Punkt, Fray Pedro Simón hält), nennen wie es scheint konkrete Details zur Form, in der die »Denaturalisierung« stattfand, ja sie zitieren sogar bestimmte Begriffe, als ob diese damals tatsächlich gebraucht worden seien. Nachdem man Don Hernando zum Hauptmann ernannt hatte und es nun galt, einen König aller Indien unter den Konquistadoren zu benennen, war es – wie Aguirre sagt – »notwendig und zwingend, daß wir uns von den spanischen Königreichen lossagen und deren Herrscher, dem König Philipp, den Gehorsam verweigerten...«. Und er fährt fort: »Und weil dies keinen Aufschub duldet und alle eine so nützliche und notwendige Handlung vornehmen sollten, erkläre ich, daß ich mich hiermit lossage von den spanischen Königreichen, in denen ich geboren wurde und lebte, daß ich, wenn ich, weil meine Vorfahren in jenen Königreichen lebten und Vasallen des Königs Philipp waren, Rechte besitze, auf diese verzichte, daß ich Philipp weder als meinen Herren noch als meinen König anerkenne, daß ich ihn vielmehr nicht kenne und auch nicht kennenlernen möchte, ihn nicht als König haben und auch nicht als solchem gehorchen möchte, daß ich meine eigene Freiheit beanspruche und somit nun Don Hernando de Guzmán zu meinem Fürsten und König und Herren erwähle«[75]. Wo fand Fray Pedro diese Formel? Vielleicht gibt es ein solches Dokument, ich kenne es jedenfalls nicht. Anzumerken ist, daß für diesen ehrbaren Mönch Aguirres Tat so unsinnig war, daß er versucht, den armen König Guzmán wie einen Narren zu behandeln: »...wenn er ein Christ, vernünftig und klug wäre, dann würde er sehr bald merken, daß all dies nur ein Spaß war, der mehr einem Traum oder einem Spiel ähnelte, das die Burschen spielen, wenn sie sich einen König erwählen, ihm gehorchen und viele Zeremonien mit ihm veranstalten.«[76] Gegen diese stolze, geradezu olympische Art der Geringschätzung der Tat müssen jedoch nicht nur einige Beispiele wirksamer »Denaturalisierung« aus dem Mittelalter sondern auch andere aus späteren Zeiten angeführt werden, die, was keineswegs verwundern darf, fast immer mit mehr Wohlwollen beurteilt wurden. Wir sollten an dieser

Stelle nicht zu sehr auf die Beziehungen zwischen Alfons VI. und dem Cid eingehen. In diesem Fall war es der König, der dem Vasallen seine Liebe entzog und ihn – so Ramón Menéndez Pidal – gemäß den anerkannten Rechtsprinzipien germanischen Ursprungs denaturalisierte[77]. Der Cid, ein Held der Literatur, wird selbst heutzutage noch als ein bedeutender, von seinem natürlichen Herrn unverstandener Mann angesehen[78]. Doch der Fall des Cid, dem der König nur neun Tage Zeit ließ, um das Königreich zu verlassen[79], kann uns weniger bei der Beurteilung helfen als der anderer Edelmänner, die sich auf eigenen Wunsch von ihrem König trennten[80].

Im *Fuero viejo* wird an die Frist in der *Chronik Alfons' X.* (des Weisen) erinnert, die der Infant Don Felipe und die »ricos omes« sich erbaten, um sich zu ähnlichen Bedingungen wie in der Gesetzessammlung vom König zu trennen.[81] Es lohnt die Mühe, etwas genauer auf diese Anmerkung einzugehen, die insgesamt etwas unpräzise ist. In dem Augenblick, in dem Alfons X. vorwiegend mit seiner Ernennung zum Kaiser von Deutschland beschäftigt war, fand er sich einer groß angelegten Verschwörung von wichtigen Herren und Adligen, ja selbst Prälaten, gegenüber, die mit seinen Regierungsmethoden nicht einverstanden waren. Der König wollte seine Macht stärken, jene die ihre bewahren. Zahlreiche Kompetenzfragen standen zur Diskussion. Zunächst hatten die erwähnten Herren mit dem König verhandelt. Er hatte auf ein Schriftstück geantwortet, in dem sie ihre Beschwerden anführten, und anschließend sollte über diese vor den Cortes debattiert werden. Schließlich baten die Herren, an ihrer Spitze der genannte Infant, um eine Frist von »dreißig Tagen und neun Tagen und drei Tagen, um das Reich zu verlassen…«. Sie begaben sich nach Granada*, nachdem sie einen Führer und Verpflegung »für ihr Geld«[82] bekommen hatten. Der Geist des Gesetzes wurde nicht beachtet, da die Edelleute zahlreiche Gewalttaten noch auf dem Gebiet des Königs, von dem sie sich getrennt hatten, verübten. Daraufhin schrieb der König ihnen und bat sie, Rechenschaft über die begangenen »Missetaten« abzulegen, wobei er jeden einzelnen, in einem gesonderten Schreiben, wegen der Widerrechtlichkeit der begangenen Tat tadelte[83]. Sie antworteten ausweichend und blieben bei ihrer Haltung.[84] Zwar kam es dann erneut zu Verhandlungen, doch schließlich gaben alle, die sich vom König getrennt hatten, eine schriftliche Erklärung ab, mit der sie dem König von Granada ihre Dienste anboten, also ihn zu verteidigen oder seine Feinde anzugreifen: »Wir erklären« – heißt es in dem Schriftstück –, »Euch gegen alle Männer der Welt, seien sie Christen oder Mauren, im Krieg wie auch im Frieden, zu unterstützen«[85]. Betrachtet man diese Vorgehensweise unter dem Aspekt modernerer oder »eleganterer« Vorstellungen oder Ideale, erscheint sie fast unverständlich, aber tatsächlich finden sich ab Mitte des 13. Jahrhunderts bis zur Zeit der Katholischen Könige zahlreiche ähnliche Beispiele.

In der erwähnten Chronik kommt der Begriff »Denaturalisierung« nicht vor, dagegen ist von »Enterbung« die Rede, was bis zu einem gewissen Punkt gleichbedeutend ist[86]. Vom rein physischen Standpunkt aus gesehen, betrachteten sich die Adligen als »aus dem Land verstoßen«[87]. Später

* Granada befand sich damals noch unter maurischer Herrschaft. [AdÜ]

rief sie der Infant Don Sancho zu Hilfe, als er sich gegen seinen eigenen Vater erhob.

Aus der Zeit Alfons' XI. von Kastilien wird die »Denaturalisierung« Don Juan Núñez' und Don Juan Manuels, zweier angesehener Persönlichkeiten der königlichen Familie, überliefert. Das Leben des Erstgenannten war stets von Zwietracht mit dem König geprägt, so daß der Monarch von dem entsprechenden Erklärungsschreiben nicht sehr überrascht sein konnte. Das hinderte ihn nicht daran, dem Emissär Gerechtigkeit widerfahren zu lassen, das heißt, sich grausam an ihm zu rächen[88]. Wir sollten hier jedoch nicht näher auf das Hin und Her des darauf folgenden Konfliktes und der Wiederversöhnung eingehen. Über Don Manuel wissen wir mehr[89]. Er betrachtete sich fast als den Königen gleichgestellt, war eifersüchtig auf seine Ehre bedacht und stolz auf seine Abstammung. Als Alfons XI. ihm mit einer Eheentscheidung Unrecht tat (er löste dessen Verlöbnis mit seiner Tochter), trennte auch er sich vom König, wenngleich er ihm später wieder dienen sollte[90].

Aber wichtiger noch als all dies ist die Feststellung, daß unter den hochgestellten Persönlichkeiten des Mittelalters, gerade die adligen Herren der Biskaya *dieses Recht* häufiger in Anspruch nahmen. Im erwähnten *Fuero viejo*, erstes Buch, vierter Teil, Abschnitt 11, wird erwähnt, wie Diego López de Haro, Herr der Biskaya, »das Land verließ und viele Adlige als Geiseln nahm, die er erst freiließ, als jener ihm nicht mehr das Pferd verweigerte«[91]. Don Diego wechselte von Don Alonso Ramondez' Dienst[92] in den des Königs Ferdinand II. von León, weil man ihn des Besitzes von Altkastilien enthoben und ihm lediglich Calahorra und Nájera belassen hatte. Der König von León dagegen bot ihm das Amt eines Alférez Mayor*, umfangreiche »Vergütungen« und seine eigene Schwester zur Ehefrau an[93].

Don Diego wird zuletzt im Jahr 1124[94] erwähnt. Es gibt jedoch auch später zahlreiche Beispiele für ähnliche Vorgehensweisen. 1140 lehnte sich der Graf Don Lope Díaz gegen Kaiser Alfons VII. auf[95]. Dann finden wir eine Mitteilung darüber, daß Diego Lope II., der Gute, verbannt und seiner Güter beraubt wurde. Er scheint dies selbstlos so eingerichtet zu haben, um Alfons VIII. aus einer mißlichen Lage herauszuhelfen[96]. Später wird eine tatsächliche »Denaturalisierung« desselben erwähnt, die ganz zu Anfang des 13. Jahrhunderts stattgefunden haben muß, da sich vom Ende des Jahres 1201 bis 1206 keinerlei Hinweis darauf in den kastilischen Urkunden findet, obwohl Rodrigo Jiménez de Rada davon ausgeht, daß sie zu dieser Zeit bereits vollzogen worden war. Er verwendet nicht den Begriff oder seine lateinische Entsprechung, sondern führt aus, daß »a voluntate Regis nobilis familiari discidio discordavit. Unde feuda quae tenebat restituens, ad Regem se transtulit, Navarrorum, indeque bellis et incursationibus frequenter insistens, damna plurima intulit Castellanis«**[97]. Dieser Fall wird bereits »sui generis« in der *Primera Crónica General* interpre-

* Träger des königlichen Banners im Heer [AdÜ]

** »er sich dem Willen des edlen Königs durch die Auflösung von bestehenden Beziehungen widersetzte. Daraufhin übertrug er die Lehen, die er zurückgeben mußte, von den Navarresern auf den König, und unternahm in der Folge häufig Kriege und Angriffe, mit denen er den Kastiliern großen Schaden zufügte.« [AdÜ]

tiert. Es handelte sich, wie in vielen anderen späteren Fällen, um einen familiären Zwist in Verbindung mit dem Versuch des kastilischen Königs, die Vorrechte eines Edelmannes zu beschneiden. Von diesem Zeitpunkt an herrschte häufig Uneinigkeit zwischen dem König und seinen Adligen[98]. Don Diego sagte sich los und kämpfte dann wie auch andere vor und nach ihm gegen seinen ehemaligen König oder Herrn.

Zur Zeit Ferdinands IV. etwa sagte sich Juan Núñez von diesem los, und wenig später folgte ihm der berühmte Diego López IV., Herr der Biskaya und ein großer Verteidiger des Königs, als dieser noch minderjährig war[99]. Die Königinmutter erreichte schließlich nach zähen Verhandlungen, »daß sie, nachdem sie den Dienst des Königs verlassen hatten, wieder in diesen zurückkehrten, was sie auch taten. Ferner sagte sie ihnen, daß sie, nachdem sie dem König ihre Vasallenschaft aufgekündigt hatten, ihm die Hände küssen sollten und wieder zu seinen Vasallen würden...«[100]. Es gab auch später Herren der Biskaya, aber die Macht über dieses Lehen wurde zu einem immer wiederkehrenden Problem, das in Prozessen geklärt wurde, die hier nicht von Interesse sind[101]. Da die zweite Hälfte des 14. und die erste Hälfte des 15. Jahrhunderts eine unruhige Zeit waren, ist davon auszugehen, daß »Denaturalisierungen« an der Tagesordnung waren.

In einem Text aus dem 15. Jahrhundert, heißt es tatsächlich, daß es im allgemeinen die »Biskayer« sind, die sich kraft alter Gesetze und Gebräuche vom König lossagen, d. h. denaturalisieren können, wenn dieser gegen jene verstößt. Hier wird also eindeutig auf eine ähnliche Befugnis verwiesen, wie sie sich die »Marañones« verliehen, die von einem »Biskayer« angeführt wurden. Der erwähnte Text findet sich im *Memorial de diversas hazañas** des Mosén Diego de Valera an der Stelle, an der die Kämpfe des Grafen von Haro, Don Pedro de Velasco, und des Grafen von Treviño, Don Pedro Manrique, beschrieben werden. Wir lesen: »Und die Biskayer haben alte Gesetze und Gebräuche und können dem König den Dienst aufkündigen, wenn er gegen besagte Gesetze und Gebräuche verstößt. Und da der Condestable** einige Dinge unternehmen wollte, die gegen die Gesetze und Sitten waren, so waren die Biskayer sehr erzürnt darüber. Und sie suchten einen Ausweg, obwohl die große Zwietracht, die unter ihnen herrschte und die dazu geführt hatte, daß zahllose Menschen durch das Eisen oder das Feuer den Tod gefunden hatten – sowohl vom Geschlecht der Oñez' wie auch dem der Ganboas, denen jene Provinz unterstand – ihnen große Sorgen bereitete. Und der Haß, der unter ihnen herrschte, stand dem Wunsch nach Freiheit, und die Feindschaft zwischen diesen beiden Geschlechtern, die bisher niemand beenden konnte, dem Wunsch, diese Provinz zu beherrschen, entgegen. Und der Condestable suchte neue Wege, um die schon so lange Verfeindeten zu versöhnen«[102].

Somit finden sich Präzedenzfälle für die »Denaturalisierung« und Bestimmung eines neuen Herrn oder Königs durch die »Marañones«, die nichts mit der Vorstellung Pizarros, einen König zu erwählen, zu tun haben. Hier handelt es sich um eine Entthronung, die der von Avila ähnelt,

* Bericht über verschiedene Heldentaten [AdÜ]

** im Mittelalter oberster militärischer Würdenträger (in Kastilien wie auch in Aragonien und Navarra wurde Condestable zu einem Ehrentitel) [AdÜ]

bei der Heinrich IV. von Kastilien zugunsten Don Alonsos[103] abgesetzt wurde, wobei es zu einer Reihe von »Denaturalisierungen« und Übertragungen von mittelalterlichen Dienstverhältnissen und Pflichten kam. Merkwürdigerweise wurde Aguirres Handeln stets aus dem Blickwinkel der Rechtsgelehrten des 16. Jahrhunderts hinsichtlich der Beschränktheit oder Unbeschränktheit der königlichen Gewalt untersucht[104], statt die wirklichen Gründe für diesen Akt zu ermitteln, die sich nicht in Abhandlungen über Rechtsphilosophie finden, welche fast alle in lateinischer Sprache verfaßt und Soldaten kaum zugänglich waren, sondern in Gesetzen und Gebräuchen, die deren Erfahrungswelt weitaus näher standen. Es muß erneut darauf verwiesen werden, daß Lope diesen Akt ohne jede Hoffnung vollzog, da ihm zweifellos klar bewußt war, was der »Rechtstod« bedeutet, der auch in den *Partidas* erwähnt wird[105]. In anderen Gesetzen wird er schlicht und einfach »*Verrat*« genannt, ein Delikt, das jene Gesetzessammlung ebenfalls lang und ausführlich behandelt[106].

Als Aguirre ein Kind war, gab es einen Mann, der noch berühmter war als Lope je werden sollte, und der das Recht der »Denaturalisierung« auf eine sehr charakteristische Art und mit völlig unterschiedlichem Ergebnis in Anspruch nahm: Fernão de Magalhães, ein um 1480 geborener portugiesischer Soldat aus Trás-os-Montes fällte diese Entscheidung im Jahr 1517. Er war unzufrieden mit dem Monarchen seines Heimatlandes, fühlte sich schlecht behandelt und hatte Pläne, die er im Dienste Kastiliens eher durchzusetzen glaubte, und so sagte er sich auf eine Weise los, die Góis mit folgenden Worten beschreibt: »Não se contentando, se desnaturou do Reino, tomando disso *instrumentos públicos* e se foi a Castela servir el rei Don Carlos«*[107].

Es ist allgemein bekannt, daß dies noch heute viele Portugiesen schmerzt. Schon Camões schrieb über ihn:

> *»... no feito com verdade*
> *Portugués, porem não na lealdade«*** [108].

Die portugiesischen Historiker erinnern sich daran, daß noch die Neffen des Seefahrers nach einer in dessen Geburtsort Sabrosa bewahrten Tradition mit Steinen beworfen wurden[109]. Magelan jedoch sagte sich nach juristischen Grundsätzen mit den erforderlichen Urkunden los, und Karl V. nahm ihn in seinen Dienst auf, so wie er später in einem viel kritischeren Augenblick den Condestable von Bourbon aufnahm. Mit Magellan hatte er vereinbart, daß dieser während seiner Expedition nicht die Interessen seiner ehemaligen Herren, der Könige Portugals, verletzen müsse[110], wodurch den Vorschriften der *Partidas* Rechnung getragen wurde. Der Fall des Condestable stellte sich hingegen ganz anders dar. Viele Spanier kennen die Erzählung des Herzogs von Rivas *Un castellano leal****, in der der Graf von Benavente, nachdem er den Condestable beherbergt hatte, seine Burg

* Er war nicht zufrieden, sagte sich von diesem Königreich los, nahm die öffentlichen Urkunden darüber mit sich und begab sich nach Kastilien, um König Karl zu dienen. [AdÜ]

** etwa: ... in einer Handlung voller Wahrheit,
ein Portugiese, aber nicht, was seine Treue angeht. [AdÜ]

*** Ein treuer Kastilier [AdÜ]

in Brand steckt, um in keiner Weise von dessen *Verrat* beschmutzt zu werden. Aber zur Zeit Kaiser Karls V. gab es auch Leute, die die Tat des berühmten Kriegers anders beurteilten. So sagt Gonzalo Fernández de Oviendo über ihn: »Ich möchte nur sagen, daß er einer der besten Männer war, die sich mit der Lanze in der Hand an ihren Feinden gerächt haben. Sein Gegner war groß und mächtig, es war der König Franz von Frankreich selbst, und er, der Herzog von Bourbon, war sein Vasall; und da sie sich über ihre Differenzen nicht einigen konnten, sagte sich der von Bourbon als aufrechter Ritter von seinem König los, verließ seinen Dienst, versagte ihm den Gehorsam, nachdem er die Handlungen und Maßnahmen vollzogen hatte, die in diesen Fällen erforderlich sind: Anschließend verbündete er sich mit dem Kaiser und trat in dessen Dienst ein, um gegen seinen Feind vorzugehen. Auf diese Weise und ohne ein Unrecht zu begehen oder in Verruf zu geraten, führte er Krieg gegen diesen und nahm ihn in der Schlacht bei Pavia gefangen«[111]. Dieser alte spanische Hauptmann, der nicht müde wurde, die Anhänger Pizarros als Verräter zu bezeichnen[112], fand das Verhalten des Condestable recht und billig, wenngleich dies im 19. Jahrhundert seinen Herausgeber, Vicente de la Fuente, doch etwas erschüttert hat.

Fernández de Oviedo war jedoch noch ein Mann von größtenteils mittelalterlicher Bildung, und dies könnte seinen Standpunkt erklären. Pedro Mexía, ein Gelehrter, dessen Erziehung bereits in die Renaissance fällt, erwähnt zwar den »Abfall« Carlos' de Montpensiers nur am Rande[113], preist ihn jedoch als großen Hauptmann, bedeutenden Ritter usw.[114], was ebenfalls zeigt, daß die öffentliche Meinung keineswegs immer die Denaturalisierung, die Lossagung vom Lehnsherrn, verurteilte.

Lope de Aguirre befand sich nun keinesfalls in einer ähnlichen Lage wie der Condestable oder Magellan. Sein Ruf bei der Nachwelt wäre vielleicht ein anderer gewesen, wenn er sich zu einem früheren Zeitpunkt und von einem anderen Herrn losgesagt hätte, oder gar, wenn er dies getan hätte, um Philipp II. zu dienen. Es gibt zweischneidige juristische und politische Grundsätze, auf die der bekannte Satz Pascals angewendet werden kann: *Verité en deçà des Pyrénées, erreur au delà.** Halten wir uns vor Augen, daß er diesen Satz prägte, als er von der Schwäche der Menschen sprach. Es gibt auch andere Erkenntnisse Pascals, die hier ebenso zutreffen: *Un Méridien décide de la verité, ou peu d'annés de possession. Les lois fondamentales changent. Le droit a ses êpoques*** [115].

Freiheit und Tyrannei

Von dem Augenblick an, als Pedro de Ursúa tot zu Boden fiel, beriefen sich die Männer, die ihn umgebracht hatten, auf das Prinzip der »Freiheit«, der Befreiung von seiner Tyrannei[116].

* Was diesseits der Pyrenäen wahr ist, ist jenseits falsch. [AdÜ]

** Ein Meridian oder wenige Jahre Besitz entscheiden über die Wahrheit. Die grundlegenden Gesetze ändern sich. Jedes Recht hat seine eigene Epoche. [AdÜ]

Hier finden wir einen weiteren Begriff, der in den alten Dokumenten wenig präzise gehandhabt wird, da er, wie es oft heißt, von meuternden Soldaten, aufrührerischem Pöbel, treulosen Vasallen usw. mißbräuchlich benutzt worden sei. Die »Freiheit« an sich wie auch bestimmte Freiheiten hatten im Spanien des 16. und 17. Jahrhunderts eine schlechte Presse. Dies gilt vor allem für die »Gewissensfreiheit«, die nach Meinung Sebastián de Covarrubias' und andere Autoren[117] nur als Zügellosigkeit aufzufassen ist. Die Soldaten, die Ursúa töteten, stammten aus verschiedenen Gegenden Spaniens. Auf ihnen lastete möglicherweise auch das Bewußtsein jener »Freiheiten«, die, wie wir gesehen haben, Lopes Landsleute mitunter auf so seltsame Weise verteidigten, »Freiheiten«, die bei den Chronisten und Gelehrten im Dienst der Katholischen Könige schlecht angesehen waren. So erzählt Fernando del Pulgar, wie im Jahr 1481 bei den Bemühungen, eine große Seestreitmacht gegen »den Türken« zusammenzustellen, zwei königliche Beauftragte, Alonso de Quintanilla und der Lieferant von Villafranca, Juan de Ortega, nach Guipúzcoa, Biskaya und in die Berge entsandt wurden, um die Beteiligung der Basken an dem Projekt zu organisieren, weil diese »geschickter als jede andere Nation der Welt« in Dingen der Seefahrt seien. Anfangs stießen die Werber jedoch auf harten Widerstand. »Die Bewohner dieser Gegenden sind mißtrauische Leute. Wer kein Amt erhalten hatte, wessen Stimmen man kein Gehör geschenkt hatte, wem der angebotene Sold und die Entlohnung zu niedrig waren oder wer nicht gewillt war, seine Schiffe für die Armada herzugeben, behinderte alle Bemühungen und erklärte, dies widerspreche ihren Privilegien und den *großen Freiheiten*, die die Bewohner dieses Landes genießen und die von den spanischen Königen, den Vorfahren des Königs und der Königin, garantiert werden. Und so stifteten sie große Unruhe und behinderten, wo sie nur konnten, so daß alle Leute bald in große Aufruhr gerieten und behaupteten, daß man ihre Privilegien und Freiheiten einschränke«[118]. Es war nur den dialektischen Fähigkeiten der Beauftragten zu verdanken, daß der Argwohn sich in Stolz wandelte und aus »ihren Vorwänden hastiger Eifer« wurde[119]. Diese Textpassage veranschaulicht sehr treffend den alten Geist der Basken und erklärt auch den Ansatz verschiedener Ideen Lopes. Diese »Freiheiten« der Gruppe, nicht die von Individuen, diese Handlungsfreiheiten gegenüber der Macht, falls diese die Interessen der Gruppe verletzte, mußten notwendigerweise mit Gewalt und Zwängen verbunden sein. Lope de Aguirre, der, wie er selbst zugibt, viele Menschen anläßlich »unglückseliger Ereignisse«[120] tötete, tat dies doch immer im Gedanken an die Disziplin und die Solidarität der Gruppe. So zählt er die Hauptleute und Offiziere auf, die er noch mit sich führte und die versprochen hatten »bei diesem Unternehmen als gemarterte Männer zu sterben«[121].

Immer wieder insistiert er darauf, sie als Tote zu betrachten, als Menschen, denen keine Hoffnung mehr bleibt: »Kameraden bis in den Tod« sind die »Marañones«[122], »entschlossen zu sterben« aufgrund der Grausamkeit des Königs[123]. Weder er noch seine Männer erwarten oder wollen Mitleid[124]. In dem Krieg, den er nach dem Tod Ursúas, Guzmáns und anderer beginnt, bezeugt er seinen ausdrücklichen Wunsch zu sterben[125]. Am Ende seines Briefes an den König erklärt er sich zum »Rebellen bis zum Tod«[126]. Dem *Tod* gehen dabei stets alle Arten von physischen und moralischen Leiden voraus.

Für einen Berufssoldaten waren und sind Verwundungen, Verstümmelungen, der Verlust körperlicher Fähigkeiten beständige Vorboten des Todes. Mancher Glieder seines Körpers beraubt, umgeben von alten und müden Gefährten, schreibt Lope seinen Brief frei von jeder Illusion, rechtfertigt seine Handlung, ein – so weit dies begründbar ist – juristischer Akt, aber er ist ohne Hoffnung. »Omnia si perdideris, famam servare memento«* lautet der Wappenspruch der Aguirres de Gaviria. Lope war sein eigener Ruhm nicht nur völlig gleichgültig, er übertrieb vielmehr, wo er nur konnte, um für alle Ewigkeit einen schlechten Ruf zu haben. »Ein Sohn treuer, Dir ergebener baskischer Vasallen, und ich, wegen Deiner Undankbarkeit ein Rebell bis zum Tode, Lope de Aguirre, der rastlose Wanderer«[127]. So endet der Brief, den er von Nueva Valencia aus mit dem Pater Contreras an Philipp II. sandte. Dieser sollte ihn am königlichen Gericht von Santo Domingo übergeben[128]. Lope de Aguirre, dessen Geist der eines toten Mannes war, ein rastloser Wanderer, ein umherirrendes Gespenst, wußte aufgrund seiner Erfahrungen aus den vergangenen Bürgerkriegen ganz genau, daß er und seine Gefährten nach der Ermordung Pedro de Ursúas wenig von der königlichen Justiz zu erwarten hatten. So unterzeichnete er die Urkunde, die er kurz nach diesem Mord aufsetzte, bereits mit »Lope de Aguirre, *Verräter*«[129]. Nicht mehr und nicht weniger: Verräter an Philipp II. in den Augen der Mönche und der Juristen. Hätte er zu einer anderen Zeit gelebt, wären seine Handlungen womöglich als heroische Taten angesehen worden. Doch das, was im Mittelalter eine Person beinahe schon als sympathisch erscheinen ließ, und was im 16. Jahrhundert bei anderen entschuldigt wird, muß unter den historischen Umständen, die wir analysieren, einem Verrat gleichkommen. Lope de Aguirre findet keine Gnade. Von den Verfassern der ersten Berichte bis zu den Gelehrten unserer Zeit wird der Baske von der Warte eines mehr oder weniger unbescholtenen Beamten aus beurteilt, eines Beamten in einem großen Staat: dem Königreich Philipps II. Jene eigenartige »Freiheit«, auf die sich die »Marañones« in den schlimmsten Augenblicken beriefen[130], wird Teil des Titels, den sich ihr Anführer verlieh: »Príncipe de la libertad«, »Prinz der Freiheit«, nannte er sich laut Ortiguera[131], dem Autor des vollständigsten, aber auch des am stärksten moralisierenden und die offizielle Meinung vertretenden Berichtes. Es ist auch der geschwätzigste Bericht, denn die Zeugen, die er anführt, waren, wenn auch mit Aguirre verfeindet, von der Angst, dem Schrecken und dem Wunsch beherrscht, Schuld auf andere abzuwälzen oder aber sich selbst in höchsten Tönen zu rühmen...

* Selbst wenn du alles verlierst, bewahre deinen Ruhm [AdÜ]

Richter und Mönche gegen Krieger

*I*ch werde Lopes Morde nicht rechtfertigen, möchte aber nun seine Position als »Überlebender aus einer anderen Zeit« gegenüber den Vertrauensmännern der Krone wie auch der Krone selbst, für die auch ich nicht nur fromme Gefühle hege, untersuchen.

Als Lope de Aguirre sah, wie seine Gefährten versuchten, den Tod Pedro de Ursúas zu rechtfertigen, sagte er: »Wie verrückt und dumm sind doch alle, die nach dem Tod eines Gouverneurs des Königs, dessen Macht er besaß und dessen Person er vertrat, glauben, daß sie sich auf diesem Wege von aller Schuld befreien könnten! Alle sind Verräter gewesen, und selbst wenn sie einmal ein neues Land entdecken und dieses besser als Peru ist, so wird ihnen allen doch der erste *Bakkalaureat*, der dort hinkommt, die Köpfe abschlagen. Sie sollten nicht an Rechtfertigungen glauben, sondern ihr Leben verkaufen, bevor es ihnen genommen wird«[132]. Diese Worte stützen sich auf Ereignisse, die allen bekannt waren: die Rebellion Gonzalo Pizarros und anderer berühmter Krieger der Konquista und ihre Niederschlagung durch die Fähigkeit eines Rechtsgelehrten, der nur einen Grad höher als ein Bakkalaureat stand, des Lizenziaten Gasca oder La Gasca. Lope de Aguirre hatte am Bürgerkrieg und an der Unterdrückung der nachfolgenden Aufstände teilgenommen. Aber obwohl er auf Seiten des Königs kämpfte, erbitterte ihn doch das Ende des Konfliktes, als er sah, wie man die besiegten Soldaten behandelte[133]. Zweifellos hat er Leben und Tod Francisco de Carvajals nicht vergessen. Dieser Carvajal, »Der Dämon der Anden«, weist gemeinsame Wesenszüge und Ansichten mit Lope auf: Hartnäckigkeit und Gewandtheit, eine Mischung von Grausamkeit und Humor. Beide verbindet die Auflehnung gegen das bestehende Königtum und der Wunsch einen »Prinzen« zu wählen. Was Carvajal als erster versuchte, führte Aguirre schließlich aus[134]. Es mußte Lope zutiefst verbittern und beschämen, daß Männer aufgrund des Urteils eines Lizenziaten, eines Inquisitors, der aus Spanien herübergeschickt worden war, sterben mußten: »Gott wird ein sehr schlechter Dienst erwiesen, wenn Eure Majestät uns jemanden schickt, der zwei Nominative beherrscht, um rechtschaffenen Leuten Gesetze aufzuerlegen«, schrieb er später an den Gouverneur Venezuelas, Pablo Collado[135], selbst ein Rechtsverdreher, der »den Armen noch den Schweiß wegaß«, unter dem auch die Hidalgos litten und der selbst keinen Finger rührte[136]. Lope erhob in seinem Brief an den König wiederholt und verallgemeinernd Anklagen gegen die Vizekönige, die Gouverneure und die Auditoren der Obergerichte[137]: Sie hatten den Konquistadoren den Ruhm, das Leben und die Ehre genommen. So läßt Lope seinem Haß auf die Auditoren unablässig freien Lauf[138]. Zweifellos kam es ihm ungeheuerlich vor, daß nur, weil man mehr oder weniger gut die Nominative kannte, also den Anfang der Deklinationen, ein bequemeres Leben führen konnte und *mehr wert* war als jemand, der eine Lanze in der Hand führte. Der längste Absatz des Briefes an den König, in dem er die Auditoren angreift, enthält eine satirische Beschreibung des Mannes in der Robe: »Es bedarf wohl keiner weiteren Zeugen, um Dich darüber zu informieren, daß diese Deine Auditoren jeder viertausend Pesos Gehalt und achttausend

Pesos Ausgaben haben. Nach drei Jahren hat jeder von ihnen sechzigtausend Pesos gespart und verfügt über Erbschaften und Güter: und wenn sie sich doch bei all dem begnügen würden, wie andere Männer auch ihren Dienst zu leisten, wäre unsere Arbeit weniger schlecht und nur halb so mühsam; wegen unserer Sünden verlangen sie jedoch, daß wir, wo immer wir sie treffen, auf die Knie fallen und sie wie Nebukadnezar anbeten, was zweifelsohne unerträglich ist. Ich, ein Mann, der in Deinem Dienst verwundet und seiner Glieder beraubt wurde, wie auch meine Gefährten, die dabei alt und matt geworden sind, werden nicht müde, Dich davor zu warnen, Dein königliches Gewissen diesen Juristen anzuvertrauen und festzustellen, daß es Deinem königlichen Amt nicht gebührt, hier nachlässig zu sein. Diese Leute verbringen ihre gesamte Zeit damit, Söhne und Töchter zu verheiraten, nur davon verstehen sie etwas, und ganz häufig bekennen sie sich zu dem Motto »Legal oder illegal, unser Haus wird gebaut«*[139]. Lope de Aguirre sprach aus eigener Erfahrung. Dennoch halte ich es für wahrscheinlich, daß in seiner tiefen Abneigung auch ein althergebrachtes Element steckte: die Feindseligkeit des baskischen Parteigängers von Rang gegenüber den Richtern, die die kastilischen Könige nach Guipúzcoa und Biskaya entsandten, um den Kriegen zwischen den verschiedenen Parteien ein Ende zu machen oder dies zumindest zu versuchen; jene Doktoren und Lizenziaten aus den Chroniken, die zusammen mit den Einwohnern neu gegründeter Ortschaften, Händlern, Handwerkern die wichtigsten Köpfe der Sippen bändigten, indem sie sie zum Tode verurteilten, des Landes verbannten oder mit einer Geldstrafe belegten. Und dies womöglich nur, weil sie selbst zwei Nominative beherrschten[140].

Die Arbeit dieser Richter beginnt Ende des 14. Jahrhunderts, als König Heinrich IV. durch ein vom 26. März 1397 in Avila datiertes Schreiben den Doktor Gonzalo Moro, seinen Richter und Aufsichtsbeamten für Guipúzcoa, Biskaya und die Encartaciones** beauftragt, die Einwohner jener Gegenden zusammenzurufen und zur Einstellung der ständigen Unruhen und Aufstände zu bewegen[141]. Zu diesem Zweck hielt der Richter am 6. Juli eine denkwürdige Versammlung in San Salvador de Guetaria ab[142], bei der beschlossen wurde, strenge Maßnahmen gegen die Unruhestifter zu ergreifen. Wenngleich sowohl der Brief als auch die Beschlüsse in die Gesetzessammlung Guipúzcoas aufgenommen wurden[143], war die Region ungeachtet neuer Verfügungen und Gesetze und dem Vorgehen der Richter fast im gesamten 15. Jahrhundert Schauplatz blutiger Revolten und Kämpfe. 1434 trat eine von Johannes II. von Kastilien verkündete Verordnung über die Parteien in kraft, aufgrund derer viele ihrer Anführer – nicht nur aus Guipúzcoa und Biskaya sondern auch aus anderen Regionen – das Land verlassen mußten, um an den Grenzen zu den maurischen Gebieten Dienst zu leisten[144].

1442 wurde ein gewisser Gonzalo Muñoz de Castañeda als Richter nach Bilbao entsandt, dessen Zuständigkeit sich auch auf Guipúzcoa erstreckte. Er ging mit großer Brutalität gegen die verfeindeten Sippen vor, wobei er

* Im spanischen Text: »A tuerto o a derecho nuestra casa hasta el techo« [AdÜ]

** Gebiet im Norden Spaniens, das sich aus Teilen der Provinzen Alava, Burgos, Santander und Biskaya zusammensetzt. [AdÜ]

sich seinerseits anderer Sippen bediente[145]. Die Zahl der Gesetze wächst, immer wieder greifen die Könige ein. Wir haben bereits den Auftritt Heinrichs IV. in dieser Gegend erwähnt[146]. Aber erst unter dem folgenden König sollte das gesetzesmäßige Vorgehen eine größere Wirkung zeigen.

1483 ist als ein Schlüsseljahr anzusehen, denn damals versammelte Königin Isabella in Begleitung des Kardinals von Spanien in Santo Domingo de la Calzada verschiedene Doktoren ihres Rates, »um Dinge zu erörtern, die die Regierung der Grafschaft Biskaya und der Provinz Guipúzcoa betreffen«[147]. Von dort begab sie sich nach Vitoria und Bilbao mit der Absicht, die beschlossenen Maßnahmen zur Unterdrückung des Einflusses der verschiedenen Parteien in die Tat umzusetzen. Fernando del Pulgar berichtet: »Und weil die Abwesenheit der Könige die Leute jener Gegend dreist machte und weiterhin Banden und Parteien existierten und Verbrechen begangen und Gewalt angewandt wurde und man die königliche Justiz nur wenig fürchtete, begab sich die Königin in die Grafschaft Biskaya, in die Stadt Bilbao, und gab den Befehl, einige Übeltäter ihrer gerechten Strafe zuzuführen. Dies versetzte die Bewohner jener Gegend in große Angst, so daß sie sich alle wieder der Justiz unterstellten, und in Frieden lebten und nicht daran dachten, die Gewalttaten zu begehen, die sie früher begangen hatten«[148]. Dieser Frieden wurde jedoch bald gebrochen, denn schon 1487 sah sich die Königin erneut gezwungen, mehrere Richter und Justizbeamte nach Biskaya zu entsenden. Die Biskayer hatten die dort tätigen Beamten mißhandelt, da sie ihnen Verstöße gegen ihre Gebräuche, Sitten und Privilegien vorwarfen. Ein Mitglied des königlichen Rates, der Lizenziat Garci López de Chinchilla, wurde damit beauftragt, Ruhe und Ordnung herzustellen. Hierzu verurteilte er einige Unruhestifter zum Tode, verbannte andere und erlegte wieder anderen Geldstrafen auf: »...und er gab ihnen« – fährt Fernando del Pulgar fort – »Gesetze, nach denen sie zu leben hatten, und widerrief einige der schlechten Sitten und Gebräuche, an denen sie hingen und die Ursache der Unruhen waren, und nahm ihnen einige der Meinungen, an denen sie wider jede Vernunft festgehalten hatten. Dies gilt vor allem für einen leeren und völlig irrigen Glauben, daß sie nämlich, wenn der Prälat jenes Bistums oder irgendein Bischof ihr Land betritt, ihre Privilegien verlieren würden«[149]. Andere Texte des 15. Jahrhunderts bestätigen diese Vorstellung, die vielleicht auch Aguirres Urteile über die Rolle von Prälaten und Kirchenmänner im öffentlichen Leben beeinflußte.

Philipp II. trieb das Vertrauen in jenen Personenkreis auf die Spitze. Lope de Aguirre war in dieser und in anderer Hinsicht sein genaues Gegenteil: Er war – ich muß es wiederholen – ein Überlebender des 15. Jahrhunderts[150].

Das einzige, worin der König und sein Vasall, der sich von ihm losgesagt hatte, übereinstimmten, war der Glaube an den allmächtigen Gott und der furchtbare Haß gegen die Lutheraner. Spottend schreibt Lope dem König, daß er seinen Versprechen weniger Glauben schenke als den Büchern des »Martin Luthero«[151]. Er verweist auf die auch in Amerika eingetroffenen Berichte über den großen Lutheranerprozeß, der 1559 in Spanien stattgefunden hatte, und der ihm unter anderem *einen Grund lieferte*, den »Deutschen« (der eigentlich ein Flame war) Monteverde »in Stücke zu hakken«[152]. Aber der Glaube Lopes war eher oberflächlich, und seine Leute erinnerten sich daran, daß er im täglichen Leben immer wieder den Teufel im Mund führte und nicht sehr gläubig zu sein schien[153]. Dennoch betont er im Schreiben an den König, daß er und die »Marañones« all das respektierten, was die Heilige Mutter Kirche in Rom predigte, und daß sie sogar bereit wären, für die zehn Gebote den Märtyrertod zu sterben... Das ist die eine Seite, während seine »Zuneigung« zu den Mönchen eine ganz andere Geschichte ist: »Sieh Dich gut vor, mein König, und glaube nicht, was sie Dir sagen; denn, wenn sie dort vor Deiner königlichen Person Tränen verschütten, so nur, um hier befehlen zu können. Wenn Du erfahren möchtest, was für ein Leben sie hier treiben, so kann ich Dir sagen, daß sie sehr viel vom Handel verstehen, sich weltliche Güter verschaffen und erwerben, die Sakramente der Kirche gegen Geld verkaufen, Feinde der Armen sind, nicht mildtätig, dafür ehrgeizig, gefräßig und hochmütig, so daß selbst der unbedeutendste Mönch versuchen wird, all diese Gebiete zu befehlen und zu regieren.«[154]. Nicht der Zorn, sondern die Ironie geben ihm folgende Worte ein: »Die Mönche möchten keine armen Indianer begraben, und so haben sie sich in den Gegenden Perus einquartiert, wo es am meisten zu verteilen gibt. Das Leben, das sie führen, ist rauh und mühselig, denn jeder von ihnen verfügt zur selbst auferlegten Buße in seinen Küchen über ein Dutzend nicht zu alter Mädchen und etwa ebenso vieler Burschen, die für sie angeln, Rebhühner töten und Obst sammeln. Und so müssen sie alles mit ihnen teilen«[155].

Auch der Brief an Fray Francisco de Montesinos spiegelt in zahlreichen ironischen Anmerkungen sein Bild von den Mönchen im allgemeinen und speziell von diesem kriegerischen Mönch wider. Voller Spott eröffnet er sein Schreiben mit der Bemerkung, daß er ihn lieber mit Zweigen und Blumen als mit Musketen und Kanonenkugeln empfangen würde[156]. Ich glaube, daß man sowohl in der leidenschaftlichen Abneigung gegen die Mönche, als auch im Haß auf Richter und Auditoren eine mittelalterliche Tradition ausmachen kann. Diese besteht aus weitverbreiteten Vorstellungen über den Hochmut und den Geiz der Klostergeistlichkeit und den Mißbrauch, den sie auf Gebieten außerhalb ihrer Zuständigkeit betrieben. In den Texten des 14. und 15. Jahrhunderts finden sich zahllose Beispiele für sarkastische Kommentare über Mönche. Als die Feinde Don Alvaro de Lunas ihre groß angelegte Intrige gegen ihn begannen, ließ ein Mönch in der Kathedrale von Burgos in Anwesenheit Don Alvaros wie auch des Königs in seiner Predigt feindliche und grobe Bemerkungen über den Günstling fallen. Der König ordnete an, daß man ihn mit einem Stock zum Schweigen bringen sollte. Später beschwerte sich Don Alvaro beim Bischof, der ihm versprach, herauszufinden, warum der Mönch so gesprochen hatte. Kurz darauf teilte der Bischof Don Alvaro die Aussage des Mönches mit, er sei nicht beeinflußt worden, vielmehr habe Gott ihm diese Worte eingegeben, worauf Don Alvaro antwortete: »Verehrter Bischof, lasset ihn in aller Form und wie das Recht es zuläßt fragen, ob es nicht ein Hohn sei, daß ein dicker, roter, eitler Mönch eine göttliche Eingebung habe«[157]. Diese Denkweise hatte auch Lope de Aguirre, nur eben 100 Jahre später und unter einem König, der wie kein anderer spanischer König den Mönchen zugetan war. Auch in diesem Fall konnte er kaum ein gegensätzlicheres Denken an den Tag legen.

Die letzte »Philosophie« des Lope de Aguirre

Vor vielen Jahren verfaßte ein Schriftsteller aus Bilbao, Fernando de la Quadra Salcedo, ein Mann mit einem ausgeprägten Hang zum Pittoresken, eine Reihe überraschender Artikel, um nachzuweisen, daß das Baskenland eine beispiellose Zahl von Philosophen hervorgebracht habe. Ich glaube nicht, daß in dieser Artikelserie, deren Inhalt zum größten Teil der Phantasie des Autors entspringt, Lope de Aguirre Erwähnung fand, obwohl er doch zu den Spaniern gehört, die einen größeren Namen als viele Professoren und Verfasser von Artikeln, Hand- und Lehrbüchern über die Philosophie besitzen. Sehen wir einmal von seinen Ansichten über Regierende und Regierte, über Gesetze und soziale Werte ab und konzentrieren wir uns auf seine grundlegenden Anschauungen. Lope de Aguirre war, ohne dies zu wissen, ein Schüler Heraklits. Wie der griechische Philosoph glaubte auch er, daß der Krieg der Ursprung aller Dinge ist: »daß die Menschen vom Beginn der Welt an ihn geliebt und geführt haben, und daß es ihn selbst im Himmel unter den Engeln gegeben habe, als sie Luzifer vertrieben«[158]. Demnach ist der Krieg an sich kein Übel. Seine große Stärke ist die ihm innewohnende »ultima ratio«, eine Stärke, die die Basken mit dem Wort »indarra« auszudrücken suchen. Nach den alten Berichten ließ sich Aguirre »starker Führer der Marañones« nennen[159].

Die Vorstellung, daß es in einer Gesellschaft von Konquistadoren keine Gerichtsverfahren geben sollte, vielmehr alles durch Waffen und Krieg zu lösen sei (eine Auffassung, die Aguirre vertrat und die viele empörte[160]), diese Vorstellung ist mit der des »Mehr-wert-seins« verbunden und sollte wiederum in Bezug zu dem uralten Begriff der »Hybris« und ähnlicher Konzepte wie dem der Übermacht gesetzt werden. Jedenfalls ergibt sich in letzter Konsequenz aus dieser kriegerischen Auffassung vom Leben das Recht des Stärkeren und die Vorstellung von einer Art Dualismus, einem dauernden Zwiespalt zweier sich ewig bekämpfender Gegner. In den Ansprachen an seine Gefährten und Soldaten betonte Lope de Aguirre die Rechte des Konquistadoren. Er hatte die Absicht, sich wieder Peru zuzuwenden, den unsicheren Reichtum von El Dorado anderen zu überlassen, und sich mit den seinigen auf das Bekannte zu stürzen und es zu verteilen: die riesigen Vermögen, die vornehmen Herrensitze, die prächtigen Frauen, das Gold, die Indianer ...[161].

Zu allen Zeiten hatten die Krieger ähnliche Ziele. Doch es ist sonderbar und kommt nur selten vor, daß man sie aufzählt, über sie theoretisiert, und dies im 16. Jahrhundert, mitten in der Regierungszeit Philipps II. Noch erstaunlicher ist es, daß die Theorie dem Kopf eines wirklichen Mannes der Tat entspringt, der sich mit dem König, ja mit Gott selbst im Streit befindet, denn Lope de Aguirre starb, wie es den Anschein hat, als reiner Atheist, nachdem er zuvor eine Phase durchgemacht hatte, die man als

»theophob« bezeichnen könnte. *»Un hérétique est celui qui a une opinion«**, sagte Bossuet und brachte so die orthodoxe Vorstellung auf den Punkt. Aguirre vereinte mehrere potentielle Ketzer in sich, denn im Verlauf seiner Konfrontation mit Gott, dem Gott des Alten Testaments, weniger mit Christus (das christliche Element in Aguirre kommt nur in religiösem Prunk und Riten zum Vorschein), wechselt er vom Bündnis zum Protest, vom Protest zur Drohung, von der Drohung zum Haß und vom Haß zur Verleugnung. Daß Lope de Aguirre bis zu einem sehr späten Zeitpunkt seines Lebens gläubig war, wird ganz klar durch seine Briefe belegt. Dennoch hat es den Anschein, daß sein Bild von Gott sich mit dem Gang der Ereignisse veränderte, bis es zu der erwähnten Verleugnung kam – der letzten Konsequenz seiner soldatischen Moral –, als er die Niederlage bereits vor Augen hatte.

Gott

Das baskische Wort »Jaungoikua« oder »Jaungoikoa« bezeichnet Gott, Gott als den »Herrn in der Höhe«, den Herrn im Himmel. Wie auch immer der Ursprung dieses Wortes sein mag, wir wissen, daß man es bereits im Mittelalter verwendete[162]. Lope de Aguirre benutzte es häufig, wenn er Baskisch sprach. Dieser »Herr in der Höhe« läßt sich durchaus mit dem »Ewigen Vater« gleichstellen, wenngleich »Jaun« nicht *Vater* sondern *Herr* bedeutet. Das baskische Wort für Gott schließt somit die Vorstellung einer herrschaftlichen Autorität ein. »Jaungoikoa« ist der höchste Herr. Lope de Aguirre teilte diese Auffassung, bis er an der Existenz Gottes zu zweifeln begann. »Jaungoikoa« war zunächst auch *sein Gott*. Hören wir, was Vázquez gegen Ende seines Berichtes zu sagen hat: »Der Tyrann äußerte manchmal (...), daß er, wenn Gott keine Partei unterstütze, nicht an ihn glaube; daß dieser bisher seiner Partei angehört habe und daß er nun zu seinen Gegnern übergelaufen sei«[163]. Dieser Vorstellung, daß Gott parteiisch (natürlich zu Gunsten der eigenen Partei) sein kann, haben Menschen aller Gesellschaften nachgehangen. Für einen Basken jedoch, der der mittelalterlichen Tradition verhaftet ist, erweist sie sich als äußerst wichtig und von besonderer Bedeutung. Gott ist einer der Protagonisten im ewigen Kampf der in Parteien und Sippen zersplitterten Gesellschaften[164]. Immer wieder beschuldigte er gerade die Zauberer und Hexen, von ihm abgefallen zu sein, sich von ihm losgesagt zu haben (»Denaturalisierung«), als wäre er ein Lehnsherr, und *zur Partei* des Teufels übergelaufen zu sein[165]. Noch ist die Frage nach den Hintergründen des baskischen Hexenwesens nicht geklärt... Aber vielleicht können Vorstellungen, wie sie Aguirre zugeschrieben werden, daß Gott *einer* Partei angehört, Licht auf sein wahres Wesen werfen. Abgesehen von diesen Hexengeschichten hat Lope de Aguirre auch Überlegungen angestellt, die in andere Richtungen gingen, Reflexionen über die Macht

* »Ein Ketzer ist jemand, der eine eigene Meinung hat« [AdÜ]

und den Wirkungskreis der Menschen in Bezug auf Gott. Danach überließ er den *Himmel* denen, die diesem dienten, den hundertprozentigen Christen. Die *Erde* war denjenigen vorbehalten, die sich nicht so sehr um das Dienen kümmerten. Diese Aufteilung ist wohlbekannt: Die Gedanken der Asketen über die Welt und ihre Eitelkeit gehen von dieser Vorstellung aus, nur daß in unserem Fall Aguirre gerade die *Welt* für sich behielt und den *Himmel* den anderen überließ.

»Und bei anderen Gelegenheiten sagte er, daß Gott den Himmel denen vorbehalte, die ihm (gut) dienten, während die Erde für den sei, der am meisten Macht besitze«[166]. Dieser Denkspruch ist klassisch kastilisch, in seiner Arglosigkeit furchtbar. »Gott und die Welt sind unvereinbar«, lautet ein anderer, von Gonzalo Correas im 17. Jahrhundert verzeichnet[167]. Aber Lope de Aguirre wollte – wie bereits erwähnt – mit seiner Sentenz nicht christliche Resignation ausdrücken sondern vielmehr die Überzeugung, ein Mann dieser Welt, dieser Erde zu sein, kein Mann des Himmels, ein Mann, für den das *Mehr-wert-sein*, die Gewalt, von essentieller Bedeutung waren.

Als er einmal zornig auf seine Führer war, sagte er, »wenn Gott den Himmel für so schlechte und *niedrige* Menschen geschaffen habe, wolle er nicht dorthin gelangen«; ein andermal wieder hob er den Blick zum Himmel und sagte: »Gott, wenn Du vorhast, mir etwas Gutes zu erweisen, so möchte ich es jetzt haben, den Ruhm kannst Du für Deine Heiligen aufsparen ...«[168]. Andererseits begann er auch zu toben, wenn jemand vorsichtig andeutete, daß er und die Männer, die ihn begleiteten, im gesamten spanischen Amerika den Ruf von Ketzern, von »Lutheranern« erworben hatten[169]. Vielleicht konnte man ihn wirklich dafür halten, denn er sagte einmal, daß das Wichtige der Glaube, der Glaube an Gott sei, nicht die Werke. »Er sagte tatsächlich, daß die Männer nicht aus Angst vor der Hölle unterlassen sollten, was ihnen ihre Begierde eingab, allein der Glaube an Gott reiche aus, um in den Himmel zu kommen, und er wolle keine Soldaten, die sehr christlich oder sehr fromm seien, vielmehr sollten sie, falls erforderlich, bereit sein, mit dem Teufel um ihre Seele zu würfeln«[170]. Bei anderen Gelegenheiten gab ihm ein wilder Anthropomorphismus – Ausdruck eines sehr schlichten oder gestörten Geistes – Sätze wie diese ein: »Glaubt denn Gott, daß ich, nur weil es regnet, nicht nach Peru gehe und die Welt zerstöre? Da kennt er mich schlecht«[171]. Zuletzt vertraute er weder dem Gott, der auf *seiner* Seite stand, noch dem Gott im *Himmel*, noch dem auf der *Erde*. Er ging noch einmal alles durch, was er über andere Religionen wußte, und verwendete schließlich die Verleugnungsformel, die man den Sadduzäern und bestimmten philosophischen Sekten zuschrieb, die – wenn auch ganz im Verborgenen – selbst im Zeitalter der Renaissance ihre Anhänger hatten[172].

Fray Reginaldo de Lizárraga versichert folglich, daß Lope »als Heide starb, der keine Kenntnis von Gott hatte«[173]. Vázquez seinerseits behauptet, daß er im Angesicht seiner Niederlage gesagt habe: »Wenn ich zugrunde gerichtet in dieser Provinz Venezuela sterben muß, glaube ich weder an Gott[174] noch an die Sekte Mohammeds, noch an die Luthers, noch an das Heidentum, sondern, daß es *nur die Geburt und den Tod gibt*«[175].

Viele konvertierte Juden waren von der Inquisition verurteilt worden, weil sie unter anderem diese These vertreten hatten, ebenso wie einige verzweifelte Soldaten und ein paar Ritter oder Gelehrte, die man ebenfalls für »Heiden« hielt[176], für Epikureer, um genauer zu sein, für Verleugner der Unsterblichkeit der Seele, eines der schlimmsten Delikte im Europa des 16. Jahrhunderts. Die königlichen Rechte zu leugnen, war gleichermaßen entsetzlich ... und auch dies tat Lope de Aguirre. Anregungen hierfür mögen ihm einige der mittelalterlichen Dichtungen geliefert haben, in denen bestimmte Könige, Herrscher und Päpste in der Hölle braten[177], einem Ort, an den er häufig dachte: »Eines seiner alltäglichen Laster war es, seine Seele, seinen Leib und seine Person dem Teufel anzuvertrauen, wobei er seinen Kopf, seine Beine und Arme und auch seine Habseligkeiten aufzählte«[178], teilt einer seiner Feinde mit, die ihn auf der Expedition bis zuletzt begleiteten. Doch solche Äußerungen sind wohl eher Lopes Großsprecherei zuzurechnen und der Absicht, bereits eingeschüchterte Menschen noch mehr zu erschrecken.

Der König

*I*ch weiß genau, daß wenige Könige in die Hölle kommen, weil es eben nur wenige Könige gibt. Selbst wenn es viele gäbe, würde keiner von Euch in den Himmel kommen, weil Ihr auch dort noch schlimmer als Luzifer wäret, denn Ihr seid ehrgeizig und Euch dürstet nach menschlichem Blut«[179]. Dies mitten im 16. Jahrhundert an Philipp II. zu schreiben, war verwegen, selbst für einen Verrückten oder Wahnsinnigen, der in irgendeinem Winkel Westindiens saß. Aber dieser Verrückte sprach Wahrheiten aus. Zumindest Teilwahrheiten. »Die Kriege finden schon ihren Weg, denn sie wurden für die Menschen gemacht«, sagt er gemäß der ihm eigenen, bereits analysierten »Moral«[180]. Hinter all dem verbirgt sich eine schwere politische Anklage gegen Kaiser Karl V. und seinen Sohn bezüglich der Verwendung der Erträge und Schätze Westindiens für Unternehmungen in Deutschland, die sich stets als ruinös erwiesen[181]. Diese Anklage sollte später von bedeutenden Historikern geteilt und von modernen wirtschaftsgeschichtlichen Untersuchungen bestätigt werden.

Er mag ein Verrückter, ein Größenwahnsinniger, ein blutrünstiger Intrigant und noch vieles mehr gewesen sein, aber er verfügte zweifellos über eine praktische Weitsicht: »Ich sage Dir, König und Herr, beabsichtige nicht, eine Streitmacht für diesen so unglücklichen Fluß zusammenzustellen oder hierfür Deine Zustimmung zu geben, ich schwöre Dir, König und Herr, bei meinem christlichen Glauben, daß selbst, wenn hunderttausend Männer kommen, keiner am Leben bleiben wird, denn die Berichte sind falsch[182], und an diesem Fluß wird man nur Verzweiflung finden. Dies gilt vor allem für die ›Chapetones‹ aus Spanien«[183]. »Chapetones«, das sind die unerfahrenen Neuankömmlinge in Amerika[184], wie etwa der Stellvertreter Ursúas, Don Juan de Vergaras, der ebenso wie sein Vorgesetzter den Tod fand[185]. Zwischen all den Schmähungen, Anreden und Ehrenbezeugungen

(Lope nennt Philipp II. »Exzellenz, König und Herr«, »König und Herr«, »Vortrefflicher König und Herr« und wiederholt »Herr«) finden sich also auch Ratschläge und Ermahnungen.

Im täglichen Leben war seine Sprache gewiß noch gewalttätiger als in diesem außergewöhnlichen Schriftstück. König und Gott werden ständig gelästert. Der Gedanke an das Königshaus erzürnte ihn derart, daß er einmal, als er eine Spielkarte mit einem König auf dem Boden liegen sah, wütend darauf trat[186]. Er beabsichtigte, neue Gesetze über zum Teil neue Glaubensgrundsätze einzuführen und nach Gutdünken den zu bestrafen, der sich ihm in den Weg stellte[187]. Hier ähnelt seine Art ein wenig der, die man viel später, einem anderen »humoristischen und despotischen« Monster zuschrieb, dem Conde de España. Hätte Aguirre triumphiert (was kaum vorstellbar ist), wäre es niemandem übler ergangen als den Mönchen und den königlichen Richtern: »Dieser Tyrann sagte, daß er sich gelobt hatte, keinen Mönch, dem er begegnen würde, am Leben zu lassen, mit Ausnahme der Mercedarier, weil die sich nicht in die Angelegenheiten der beiden Indien einmischten, und daß man gleichermaßen alle Präsidenten und Auditoren, Bischöfe und Erzbischöfe und Gouverneure, Gelehrte und Prozeßvertreter, deren man nur habhaft werden könnte, töten sollte, denn sie seien es, zusammen mit den Mönchen, die Amerika zerstörten«[188]. Und es scheint, daß er alle diese respektablen *Männer des öffentlichen Lebens* mit *Frauen des öffentlichen Lebens*, Dirnen also, gleichstellte.

Bei einer anderen Gelegenheit tat er das erstaunliche Gelübde kund, daß er nicht eher einen Lagerhauptmann benennen und auch dessen Wahl nicht zulassen würde, als bis er dreizehn Mönche und Priester umgebracht habe[189]. Hier möchte ich eine persönliche Anmerkung machen. Einige der Teilnehmer am Festessen, das anläßlich des vierhundertsten Todestages Lope de Aguirres in Araoz veranstaltet wurde, verglichen dessen »wilden« Antiklerikalismus mit dem der »Barojas«[190]. Ich nehme an, daß er sich auf meine Onkel Pío und Ricardo und vielleicht sogar auf meinen Großvater Serafín bezog... Um die Wahrheit zu sagen, scheint mir dieser Vergleich doch ein wenig über das Ziel hinauszuschießen.

Lope de Aguirres Wahnsinn

Ich kann mich nicht daran erinnern, daß mein Onkel Pío, selbst in den Augenblicken, als er sich einige Erlebnisse aus seiner unruhigen Kindheit in Pamplona ins Gedächtnis rief, auch nur einen, geschweige denn dreizehn, Mönch oder Priester hatte töten wollen. Ich kann versichern, daß dies auch für die übrigen Mitglieder meiner Familie gilt. Zugegebenermaßen nimmt der baskische Antiklerikalismus manchmal explosive Formen an. Dann wieder äußert er sich durch Spott, wie man ihn aus den Volksliedern kennt. Lope de Aguirre jedoch begnügte sich nicht damit, prahlerische Drohungen auszustoßen, sondern erdrosselte auch eigenhändig einige arme Geistliche. In diesen wie auch in anderen kaltblütig begangenen Morden kommt sein Wahnsinn am deutlichsten zum Vorschein.

Vázquez sagt, daß er lange bevor die Expedition nach El Dorado begann, in Peru bereits als »Aguirre el Loco«, Aguirre der Wahnsinnige, bekannt war[191]. Dieser Wahnsinn äußert sich meiner Auffassung nach in drei grundlegenden Zügen:

1. *Er war vom Tod besessen.*
2. *Er strebte nach einem unsterblichen Ruf, mochte dieser noch so schlecht sein.*
3. *Er legte verschiedene Anzeichen von Größenwahn an den Tag.*

Lassen wir einmal den demütigen Groll und den problematischen »Wahn, Ansprüche zu stellen« beiseite. Daß er vom Tod besessen war, haben wir bereits erwähnt. Aber es bleibt noch mehr zu sagen. »Lope de Aguirre wurde zur grausamsten Bestie, zum grausamsten Tyrannen, den es in unserer Zeit, den es überhaupt jemals gegeben hat. Was am meisten verwunderte, war, daß seine Soldaten zwar Lopes Grausamkeiten verfluchten, ihn aber auch so sehr fürchteten, daß sie es nicht einmal wagten, ihm ins Gesicht zu sehen. Er hat viele ermordet. Wenn sie lachten, tötete er sie. Wenn sie traurig waren, tötete er sie. Wenn sie sich versammelten, tötete er sie. Wenn jemand alleine spazieren ging, tötete er ihn. Nie hat man von einer ähnlich teuflischen Seele erfahren noch gelesen« kommentiert Lizárraga[192], und andere kommen zu demselben Schluß.

Vázquez schreibt ihm mehr als siebzig Morde zu[193], der Bericht des anonymen Autors zählt einundsiebzig Todesfälle, einschließlich seines eigenen Todes, auf[194]. Er war nicht für alle Fälle allein verantwortlich. Dennoch ist es, selbst wenn man von weniger Toten ausgeht, eine große Zahl, hält man sich vor Augen, daß er mit nur zweihundert Männern auf der Insel Margarita landete[195], zweihundert Männer, die er, wie wir bereits erfahren haben, bereits als zweihundert *Tote* betrachtete. Eine furchtbare Vision.

Das Leben des Nächsten hatte für ihn nur einen geringen Wert, aber das galt auch für sein eigenes Leben. Zu den Kranken war er unerbittlich. Er tötete sie, oder ließ sie sterben[196]. Als er selbst krank wurde, und sein Leiden ihn verzweifeln ließ, forderte er diejenigen, die ihn in einer Hängematte trugen, auf, »Tötet mich! Tötet mich!«[197]. Sie töteten ihn nicht. Die Autoren mancher Berichte wundern sich darüber, wir sollten jedoch nicht vergessen, daß Lope de Aguirre mehr als ein Wahnsinniger war. *Hinter* dem Verrückten stand eine mächtige Persönlichkeit.

Wenn man Váquez Glauben schenken soll, so ähnelte sein Wahnsinn teilweise dem des Herostrat*. Laut Vázquez betrachtete Lope es als sein höchstes Ziel, »daß man ihn eher für tapfer als für einen Christen halte, denn er hatte viele Male gesagt, daß, wenn er nicht bis Peru gelangen könnte, um alle, die dort lebten, zu vernichten und zu töten, wenigstens der *Ruf* der Dinge und Grausamkeiten, die er hatte begehen wollen, für ewig im Gedächtnis der Menschen haften bleiben sollte...«[198]. Es gibt wohl keine bessere Definition der herostratischen Krankheit[199]. In einem anderen Text bestätigt Velázquez dies noch einmal: »Dieser Tyrann sagte

* Herostrat steckte den Artemistempel zu Ephesus in Brand, um berühmt zu werden. [AdÜ]

manchmal, daß er bereits wußte und sich dessen sicher war, daß seine Seele nicht mehr zu retten war, und daß er nun, da er noch lebe, bereits wisse, daß er in der Hölle braten würde. Und da der Rabe nicht schwärzer als seine Flügel sein könne, müsse er Grausamkeiten und Übeltaten begehen, auf daß der Name Aguirre auf der ganzen Welt und bis zum neunten Himmel erklinge«[200]. In diesem wie auch in anderen Fällen drückt sich Lope sozusagen unpersönlich aus. »Omnia si perdideris, famam servare memento«, lautet der Wappenspruch der wichtigsten Linie des Geschlechts der Aguirres. Ruhm wollte er schon erlangen, allerdings eine ganz andere Art von Ruhm.

Der Wunsch, mit Alexander dem Großen, Cäsar und Pompeius in die Hölle zu fahren, zeugt von seinem eigenartigen Größenwahn. Vor allem, wenn man bedenkt, daß Aguirre ein gealteter, hinkender, dunkelbraun gebrannter Mann war, klein von Gestalt, mit ausgemergeltem Gesicht, zahnlos, mit schon ergrautem Bart, wenngleich von kräftigem Körperbau[201]. Es besteht jedoch kein Zweifel daran, daß er sich wie ein Riese fühlte, stark genug, um mit dem mächtigsten Monarchen der Welt auf Du und Du zu stehen und sich selbst außergewöhnliche, wohlklingende und Furcht einflößende Titel zu verleihen.

Toribio de Ortiguera verfaßte seinen Bericht lange nachdem sich die Vorkommnisse, die uns hier beschäftigen, ereignet hatten. Seine Schriften sind nicht frei von Effekthascherei. So teilt er uns beispielsweise mit, daß sich Lope »Zorn Gottes«[202], »Fürst der Freiheit und des Festlandes und der Provinzen Chiles« und »Starker Führer der unbesiegbaren Marañones«[203] nennen ließ. Zum »Prinzen« ließ er sich wohl nach Guzmáns Tod ausrufen[204]. Dieser Titel wird auch in den alten Berichten erwähnt. Darüber hinaus hatte er eine Vorliebe für feierliche und bedrohliche Zeremonien und Riten: Seine Wache trug eine schwarze Fahne, »mit zwei blutigen Schwertern in der Mitte«[205]. Denen, die er ermordet hatte, ließ er gleichwohl ehrenvolle Bestattungen zukommen. Seinen Landsmann Juanes de Iturriaga, der den Fehler beging, zu viele Freunde um sich zu sammeln, trug er, nachdem dieser erdrosselt worden war, in einem feierlichen Umzug unter Trommelgewirbel und gesenkten Fahnen zu Grabe[206].

Die Verfasser der ersten Berichte schildern ausführlich den Schrecken, den er verbreitete. Vázquez bezeichnet ihn als »verschlagen, launisch, wortbrüchig, hinterlistig«[207]. Aber diese Anhäufung von Adjektiven sagt nicht viel aus. »Arglistig und schlau, ergraut in Auseinandersetzungen und Sorgen mehr als jeder andere, der ihn begleitete«[208]. Dieses Bild entwirft Ortiguera, der immer wieder seine Schläue[209] erwähnt und beschreibt, wie vorsichtig und verschlagen er war[210] und mit wieviel Arglist und Heimtücke er in den für ihn und seine Männer gefährlichsten Situationen vorging[211]. Solche Eigenschaften finden sich zweifelsohne auch bei Geisteskranken. Es ist jedoch schon ein Kunststück, sie mit einer starken Neigung zum Jähzorn[212], theatralischen[213], auch vorgetäuschten Wutanfällen zu verbinden. Lope war »heimtückisch«[214] und dabei gleichzeitig ein Rhetoriker mit Vorlieben für lange Reden, Beweisführungen und Tiraden[215].

Als Mann des Krieges hielt er sich in erster Linie für einen Experten der List und der Gewandtheit und empfahl stets, den Kampf Mann zu Mann nur in Ausnahmefällen einzugehen[216]. Hier zeigen sich die Fähigkeiten eines klassischen Kriegers.

Andererseits weist sein Leben Merkmale auf, die im Widerspruch zu seinem allgemeinen Verhalten stehen. Es ist bekannt, daß er seine Tochter, eine Mestizin, die ihn auf der Expedition begleitete, sehr liebte[217]. Das Mädchen wuchs inmitten von Soldaten und Abenteurern unter der Obhut einiger älterer Frauen auf. Eine von ihnen war María de Arriola. Das Ende des armen Mädchens vollendete das Bild ihres Vaters als eines schrecklichen Wesens, für das es keine Erlösung geben konnte: Er brachte sie um, damit sie ihn nicht überlebte und als seine Tochter entehrt würde. Der Tod Elvira de Aguirres wird voller Mitgefühl sowohl in dem anonymen Bericht[218] wie im Bericht von Hernández[219] und in dem von Vázquez[220] geschildert. Ortiguera ist es, der ihn am detailliertesten beschreibt[221].

Es scheint, daß ein weiteres demütiges, schwaches und hilfloses Geschöpf Gegenstand der Zärtlichkeit des »Tyrannen« war. Die Rede ist von Antoñico, einem Burschen, der ihm diente, ihm auf einzigartige Weise ergeben war und ihn wie ein Sohn seinen Vater liebte. Antoñico äußerte Lope gegenüber häufig die Befürchtung, daß die »Marañones« ihn früher oder später verlassen und allein zurücklassen würden. Als Lope sah, daß es tatsächlich so kam, erinnerte er sich des Jungen, der zuvor auf der Fahrt gestorben war, und sagte seufzend: »Ach, mein Prophet Antoñico, du hast die Wahrheit vorhergesagt!«[222]. Hätten Elvira de Aguirre und Antoñico noch gelebt, es hätte jemand den »starken Führer der Marañones« beweinen können. Nachdem sie aber nicht mehr am Leben waren, blieben ihm nurmehr seine Männer, die, mehr als alle anderen, das größte Interesse daran hatten, daß er so bald wie möglich aus dieser Welt verschwinde. Lope de Aguirre starb am 27. Oktober 1561 in Barquisimeto, in der Stadt Nueva Valencia. Seit dem 22. Mai, dem Tag, an dem er Fernando de Guzmán umbrachte, war er Tyrann und »Prinz« seiner Männer gewesen[223]. Im Abstand von jeweils fünf Monaten starben die drei Führer der Expedition nach El Dorado eines gewaltsamen Todes, denn Pedro de Ursúa war um drei Uhr morgens am Neujahrstag des Jahres 1561 ermordet worden[224]. Vázquez schreibt, daß Aguirre »als schlechter Christ und heidnischer Ketzer« starb[225]. Vor seinem Tod soll er jedoch viele seiner Sünden eingestanden haben, wenngleich er den Hochmut als die Hauptantriebskraft aller seiner Taten anführte[226]. Ich glaube, daß in diesem wie auch in anderen Fällen Lope de Aguirres Urteil zutreffend war, zutreffender zumal, als das mancher moderner Autoren.

Angst und Mystifizierung

Man muß kein Schüler des Lukrez sein, um zuzugeben, daß ein Großteil der alten religiösen Systeme auf der Angst, dem »Timor«, der physischen Furcht begründet waren. Die »Gottesfurcht« der christlichen Autoren ist eine andere Sache. Wir haben Lope de Aguirre sowohl durch die Berichte der Menschen kennengelernt, die mit ihm zusammenlebten und entsetzliche Angst vor ihm hatten, als auch durch die umfassenderen Schriften derer, die diese Berichte benutzten, um sie entsprechend den Idealen des offiziellen Spaniens im ausgehenden 16. Jahrhundert einer moralisierenden, politischen oder christlichen Absicht anzupassen. Fast alle Autoren, die über die Expedition nach El Dorado berichten, erkennen an, daß sie – zumindest von einem bestimmten Zeitpunkt an – unter dem Zwang der *Angst* vor Aguirre handelten. Ortiguera erinnert an einen Ausspruch, der das Gefühl vieler Soldaten in jenen furchtbaren Tagen sehr treffend widerspiegelt: »Die Hände, die der Mann küßte, hätte er am liebsten abgeschlagen gesehen«[227]. Die Angst vor Aguirre wurde immer stärker, denn nach dem Tod Pedro de Ursúas hing das Leben vieler »Marañones« allein von seiner Gnade ab.

Immer wieder schüchterte er die Marañones mit dem Argument ein, sie seien Komplizen seiner Gewalt gewesen bei einer ganzen Reihe von Verbrechen[228], aber er konnte auch großmütig sein[229]. Später ging es darum, die Frage der Mitverantwortung zu umgehen und die Schuld auf eine einzige Schulter abzuladen. Lope de Aguirre mußte so weit es ging zum Sündenbock einer Gruppe von durch ihre eigenen Taten in Schrecken versetzten Männern werden, weil er ihr »symbolischstes«, ihr repräsentativstes und am besten sichtbares Mitglied war. Ortiguera weist auf die Meinung einiger Männer hin, Aguirre konnte nur deswegen die gegen ihn gerichteten Verschwörungen aufdecken, weil er von einem sogenannten Hausdämonen[230] entsprechende Hinweise erhielt. Dieser Dämon entsprach sicher den Geistern, die nach dem Glauben jener Zeit den großen Zauberern, Totenbeschwörern und Hexenmeistern dienten und die ich in einem meiner Bücher ausführlich behandelt habe.

Aguirre wird bereits von seinen Waffenbrüdern mit Judas[231] und den schrecklichsten Gestalten der Weltgeschichte verglichen. Seine Gefährten verschwinden, sie lösen sich in Rauch auf. Seine Opfer stellen sich nach und nach als Menschen heraus, die frei von jedem Fehler sind, oder zumindest kaum eine oder nur eine sehr geringe Verantwortung zu tragen haben. Vázquez schildert die Dinge auf die eine Weise, Hernández auf eine andere. Ortigueras stilisierte Version ist die umfassendste, sie trennt eindeutig die Guten und die Bösen. So wäscht er Ursúa von jeder Schuld an der Rücksichtslosigkeit rein, mit der man den Kirchenmann Portillo aus seinem Haus schleppte, um von ihm Geld für die Finanzierung des Unternehmens El Dorado zu erpressen[232]. Vázquez dagegen erweist sich als kategorischer und gibt nicht nur Fernando de Guzmán und dessen Soldaten sondern auch dem Gouverneur die Schuld an diesem Vorfall[233]. Ortiguera wiederum versucht, die Verantwortung Fernando de Guzmáns abzuschwächen, indem er zu verstehen gibt, daß Guzmán eigentlich weiterhin ein treuer Anhänger der Monarchie blieb, aber von Lope de Aguirre gezwungen wurde, die Rolle des »Prinzen« anzunehmen, und durch diesen Titel hochmütig wurde[234]. Vázquez hingegen gibt auch Don Fernando die volle Schuld an seiner Kür zum »Prinzen« und verweist des weiteren auf seine Unbedeutendheit, seine Gefräßigkeit und seine sonderbare Vorliebe dafür, sich mit Sevillaner Spritzgebäck den Magen vollzuschlagen[235], eine Leidenschaft, die er eher am Ufer des Guadalquivir als am Amazonas hätte befriedigen können. Lope selbst spielte ironisch darauf an, als er voller Geringschätzung über den Prinzen – seinen baskischen Landsmann – sagte, er könne keinem Sevillaner mehr trauen[236]. Lope ist der »Tyrann« schlechthin. So sieht ihn auch Vázquez[237]. Guzmán bleibt dagegen eher im Schatten, während Pedro de Ursúa der gute Gouverneur par excellence ist.

Das Gute und das Böse sind eindeutig und sauber voneinander zu trennen. Ortiguera beendet seinen Bericht mit einem Lobgesang auf die Monarchie, die Ordnung usw.[238]. Aus seiner Sicht vertritt Pedro de Ursúa eindeutig die Interessen des Königs, steht Lope de Aguirre schlicht und einfach für den Verrat. Wer sich denaturalisiert, von seinem Lehnsherrn losgesagt hat, mußte gnadenlos bestraft werden, die übrigen Delikte wurden zweifellos geringer eingeschätzt[239]. Dies bestätigen auch die von Jos entdeckten Dokumente[240]. Letztendlich fiel die Bestrafung doch nicht so schwer aus.

So empörte sich Fray Pedro de Aguado etwa zwanzig Jahre später darüber, daß die »Marañones« nicht die rechtliche Behandlung erfuhren, die sie verdient hätten[241], und daß diejenigen, die Aguirre begleitet hatten und sich später damit brüsteten, hervorragende Diener Philipps II. zu sein, ihn nicht in dem Augenblick getötet hatten, als er krank und ihrer Gnade ausgeliefert war[242]. Mehr noch, es gab sogar nicht wenige Soldaten des Königs, die sich Aguirre anschlossen, als er sich an der Küste Venezuelas aufhielt[243]. Dies weist darauf hin, daß es zunächst nicht nur sein Schrekkensregime war, das die Leute zusammenhielt.

Inzwischen sind vierhundert Jahre vergangen, und manche bemühen sich, Lopes Ruf zu retten, indem sie nahezu alle, die über ihn geschrieben haben, als verlogen und käuflich abtun. Andere, die die zeitgenössischen Dokumente beim Wort nehmen, widersetzen sich diesem Versuch. Ich glaube, daß Lope de Aguirre weder von den einen noch von den anderen verstanden werden kann. Wer ihn wirklich verstehen möchte, muß sich in die Zeit einige Jahre vor seinem Tod zurückversetzen und untersuchen, was damals nicht nur im Baskenland sondern in halb Europa geschah. Lope de Aguirre ist ein typischer Parteigänger, nicht mehr und nicht weniger. Seine eigentlichen Handlungen sind nicht besser und nicht schlechter als die, die uns Lope García de Salazar als »glückliche Ereignisse und Zufälle« schildert[244]. Wahrscheinlich hat Pedro de Ursúa ebenso viele Menschen umgebracht wie er, mit dem Unterschied, daß es sich dabei um Schwarze handelte[245]. Andere Konquistadoren haben Indianer getötet... Aber Mönche, Gouverneure, Soldaten und Edelleute umzubringen, ist eine ganz andere Sache. Zwischen der Grausamkeit der Weißen, die sich gegenseitig töten, und der Grausamkeit derer, die Schwarze oder Indianer umbringen, bestanden eindeutig juristische Unterschiede. Nur wenige von uns versuchen, die Erstgenannten zu rechtfertigen. Lope de Aguirre »kümmerte sich nicht um das Christentum«[246], denn er glaubte, daß »die Feinde es noch weniger taten«[247]. Seine Feinde waren nicht so sehr die Indianer und Schwarzen (diesen versprach er sogar die Freiheit und nahm verschiedene von ihnen in seinen Dienst auf) sondern vielmehr andere Spanier wie er. Tatsächlich sah sich Lope de Aguirre, der Baske aus Oñate, so sehr als Spanier, daß ihm als der geeignete Ort für Gunstbezeigungen, die ihm ein König wie Philipp II. erweisen könnte, Córdoba, Sevilla oder Valladolid erschien[248] und nicht seine diesige, feuchte Heimat.

Die Basken und die Expedition nach El Dorado

Zum Schluß möchte ich die unglückselige Angelegenheit des historischen »Baskismus« oder »Antibaskismus« behandeln. Ein beträchtlicher Anteil der Soldaten, die Pedro de Ursúa um sich sammelte (nach Mitteilung eines von ihnen, des Portugiesen Alvaro de Acuña, dreihundert Europäer, einhundert Schwarze und Mestizen sowie dreihundert Indianer[249]), waren Navarreser und Basken. Unser Augenzeuge erklärte auch, daß Lope de Aguirre in der letzten Phase der Unternehmung etwa »zwanzig Biskayer und Navarrer« um sich geschart hatte[250]. Es waren die Überlebenden der beständigen »Säuberungen«, denen er sein kleines Heer unterzog und von denen auch die nicht verschont wurden, die ihm am treuesten zu dienen schienen. Alles wiederholt sich.

Kaum hatten sie Pedro de Ursúa ermordet, als sich unter den Verschwörern schon bestimmte *Parteien mit Anführern* herausbildeten, wobei die Gruppe von Lope de Aguirre über die gewalttätigsten und am besten bewaffneten Männer verfügte[251]. Dieser Akt der *Parteienbildung* ist auf eine Weise interpretiert worden, die näher behandelt werden sollte, denn sie enthält eine bemerkenswerte historische und soziologische Einsicht. Die Deutung stammt aus einer Epoche, die in zeitlicher Nähe zu den Ereignissen stand, und stützt sich sogar auf einige der ältesten Berichte über die Expedition.

Es gibt einen Überlebenden, der mehr als jeder andere darauf zu bestehen scheint, daß Lope de Aguirre sich bevorzugt mit »Biskayern«, das heißt mit Landsleuten, umgab (die er natürlich treffender »Basken« genannt hätte). Juan de Vargas Zapata schrieb am 1. August 1562 einen Brief an seine Verwandten, in dem er erzählt, daß Lope, nachdem er mehrere Male mit J. A. de la Bandera aneinandergeraten war, »fünfzig kastilische und biskayische Männer um sich scharte, mit denen er aß und trank«[252], die also seine Gefährten waren. Später habe er sich mit vierzehn oder fünfzehn »Basken umgeben, die im Lager lebten, die er mit Waffen ausrüstete, mit Panzerhemden und Hakenbüchsen wie auch mit Schwertern und Messern und Hellebarden, und er hatte auch andere Soldaten, die seine Freunde waren, um sich, mit denen er aß und die er als seine Anhänger zusammenhielt«[253]. Zu dieser Gruppe oder Partei gehörten Min Pérez, »der Baske«, den er zum Lagerhauptmann ernannte, Nicolás de Zozaya, der Hauptmann der Wache wurde[254], und auch »Monguia, der Biskayer« beziehungsweise Pedro de Munguía, ein weiterer seiner Hauptmänner, der ihn später verraten sollte[255]. Munguía fand nicht durch Lopes Hand den Tod, während er den erwähnten Min oder Martín Pérez (de Sarrondo), der wohl aus San Sebastián stammte[256] und zuletzt mit dem Gedanken spielte, mit den Seeleuten nach Frankreich zu fliehen[257], selbst umbrachte.

Als enger Verwandter Lopes wird auch ein Juan de Aguirre erwähnt. Er gehörte zu denen, die Fernando de Guzmán erschossen[258]. Als Marschall Lopes erstach er einen Leutnant namens Domínguez und später einen Steuermann.[259] Er diente als Stellvertreter Lopes im Lager bei Burburata[260] und war Augenzeuge seiner Gotteslästerungen, Flüche und ironischen Aussprüche[261].

Auch ein Soldat namens Pedro de Arana zählte zu seinen engsten Vertrauten[262]. Viele dieser Männer und auch andere unterzeichneten die Urkunde der Wahl Fernando de Guzmáns zu ihrem Anführer. Es finden sich (in dieser Reihenfolge) die Unterschriften von Juan de Lescano, Pedro de Arana, Pedro de Munguía, Lope de Aguirre, Nicolás de Zoçaya, Diego Sánchez Bilbao, Baltasar Lezcano, Juan Ruiz de Artiaga...[263]. Die »biskayische« Abstammung Aguirres und der ihm am nächsten stehenden Männer diente bald als Grundlage für »die These eines Verrates am König und am Vaterland«. In seinem berühmten Werk entnimmt Richard Hakluyts die Taten Ursúas und Aguirres einem aus dem Portugiesischen übersetzten Text, als dessen Autor ein gewisser López Vaz genannt wird[264]. Ursúa taucht hier als Orzúa auf, »a captaine of the countrey of Navarre«*. Aguirre wird zu »López de Agira«, über den der Autor furchtbare Dinge zu berichten hat, unter anderem: »He was borne in Biskay a countrey neere unto France, wherefore I beleeve him rather to have beene a Frenchman then a Spaniard, for that in the heart of a Spaniard could not be so much crueltie as this man shewed«**[265]. Hier wird also Lope de Aguirre, der Pedro de Ursúa als Franzosen beschimpft hatte, selbst als *Franzose*, als jemand, der kein *spanisches* Gefühl im Leib habe, bezeichnet. Aber es kommt noch schlimmer. Der Verrat Lopes, mit *seiner Eigenschaft als »Biskayer«* begründet, wird auch behandelt im *Tratado breve de una disputa y diferencia que hubo entre dos amigos, el uno castellano de Burgos y el otro vascongado, en la villa de Potosí, reino del Perú****. Diese Abhandlung wurde in den ersten Julitagen des Jahres 1624 verfaßt und von einem spanischen Gelehrten unmittelbar nach Ende des zweiten Bürgerkrieges veröffentlicht, um die verräterische Veranlagung der Basken unter Beweis zu stellen[266]. Der Autor erhält seine Informationen von Antonio de Herrera. Er sieht Lope als Hauptschuldigen für das Entstehen der berüchtigten Banden von Potosí an, bei denen sich auf der einen Seite Basken, auf der anderen Kastilier, Andalusier und Estremadureser gegenüberstanden und erbitterte Kämpfe lieferten[267]. Der Mann aus Burgos verweist auf das Zusammengehörigkeitsgefühl der spanischen und französischen Basken und zieht den Schluß, daß viel Geld durch ihre Hände geht und nach Frankreich gelangt, zu denen, »mit denen ihr euch verheiratet und mit denen ihr verschwägert seid, mit denen ihr liebt und trinkt«[268]. In ihrem Wunsch, die Schuld auf andere zu laden, erkannten die »Marañones« sehr bald, daß sie einen Großteil der Missetaten auf Lope de Aguirre abwälzen konnten. Sicherlich fühlten einige, daß es neben der individuellen Schuld auch eine Kollektivschuld gibt. Diese Kollektivschuld mußten somit die engsten Vertrauten Aguirres auf sich nehmen: die »Biskayer«. Diese These konnte sich nie ganz durchsetzen, hat aber bis in unsere heutige Zeit hinein Wirkung gezeigt. »In illis montium remotis atque iviis locis, homi-

* »ein Hauptmann aus dem Land Navarra« [AdÜ]

** »Er wurde in der Biskaya geboren, einem Land ganz in der Nähe Frankreichs, weshalb ich glaube, daß er eher Franzose als Spanier war, denn im Herzen eines Spaniers kann es nicht so viel Grausamkeit geben, wie dieser Mann an den Tag legte.« [AdÜ]

*** Kurze Abhandlung über den Disput und die Differenzen zwischen zwei Freunden, der eine ein Kastilier aus Burgos, der andere ein Baske, in der Stadt Potosí, im Königreich Peru. [AdÜ]

nes truces, ignotae linguae, ad quolibet nefas prompti habitant, nec immerito locis asperrimis atque inamoenis homines efferi atque effraenes habentur.«* So werden in der *Historia compostelana* die Basken und ihr Land[269] dargestellt, dieses Land, das uns, die wir in ihm verwurzelt sind, so sanft und mütterlich erscheint. Es gibt jedoch nicht wenige zeitgenössische Autoren, die dieses Urteil und noch schlimmere unterzeichnen würden. Immerhin wird in der bestimmten historischen Situation, in der Aguirre den Verrat und die Tyrannei symbolisiert, ein anderer Mann, nicht weniger Baske als er, zum Symbol der Treue und der Menschlichkeit. Von diesem Mann wird nun die Rede sein, wobei ich mich zunächst – wie im Fall Aguirres – mit seiner sozialen und familiären Herkunft befassen möchte. Anschließend werde ich ihn porträtieren und dann den Prozeß der »Mystifizierung« seiner Person – in diesem Fall hin zum Guten – untersuchen.

* »In jenen fernen Bergen und den dortigen Orten leben wilde Menschen unbekannter Sprache, zu jeder Schandtat bereit, und nicht unverdient bewohnen diese rohen und zügellosen Menschen überaus rauhe und unwirtliche Orte.« [AdÜ]

KAPITEL 3

PEDRO DE URSÚA ODER DER RITTER

Zur Person Pedro de Ursúas

Das historische Bild Pedro de Ursúas entwickelte sich bis zu einem gewissen Punkt in Abhängigkeit von dem Lope de Aguirres. Pedro war der größte Widersacher Lopes und das bedeutendste Opfer eines Menschen, der als »Monster« angesehen wird. Dies führt zwangsläufig zu einer verzerrten Sichtweise. Nachdem Pedro de Ursúa ermordet worden war, wurde er umgehend zu einem Symbol. Auf den folgenden Seiten habe ich versucht, die symbolische Komponente herauszulösen, um seine wahre Persönlichkeit zu ermitteln. Diese Studie ergänzt darüber hinaus die vorherige über Lope de Aguirre[1].

Ursúa gilt als ruhmreicher Repräsentant Navarras im 16. Jahrhundert.

Ein Autor des 17. Jahrhunderts, Juan de Goyeneche, der Verfasser eines schmalen Büchleins über den Adel im Tal von Baztán, zählt Pedro de Ursúa zu den berühmtesten Söhnen dieser Gegend und führt an, daß er in diesem Tal geboren wurde[2]. Frühere Autoren versuchen, noch etwas genauer zu sein, ohne dabei seine Herkunft aus dem Tal von Baztán zu bestreiten, obwohl auch mancher einer falschen Spur nachgeht und behauptet, Ursúa stamme aus einem etwa zehn Kilometer von Pamplona gelegenen Ort[3]. Die Burg der Ursúa liegt jedoch in größerer Entfernung zu der Hauptstadt Navarras.

In der *Jornada del río Marañón,* der »Reise auf dem Fluß Marañón«, schreibt Toribio de Ortiguera, daß Pedro de Ursúa aus der Stadt Pamplona in Navarra stammt, »ein bekannter adliger Ritter aus dem Haus der Orsúa, eines berühmten uralten Geschlechtes«[4]. Im Bericht der Expedition nach Omagua heißt es, er sei Navarreser, Ritter und Herr aus dem Hause der Orsúa, aber nicht, daß er in Pamplona geboren wurde[5]. Lizárraga schließlich bezeichnet ihn als »Guipuzcoaner, womöglich Navarreser«[6].

Die übrigen Zeugnisse über seine Abstammung aus dem gleichnamigen Adelsgeschlecht und seine *mögliche Herkunft* aus »Guipúzcoa« belegen, daß er nach Aussehen und Sprache ein Navarreser aus dem baskischen Gebiet war: ein typischer navarresischer Baske aus dem atlantischen Teil Navarras. Er muß ausgesehen haben, wie man sich einen Mann seines Landes vorstellte, natürlich in »feinerer, vornehmer« Version.

So beschreibt Ortiguera Ursúa als einen hübschen, anmutigen und elegant gekleideten Mann von mittlerer Körpergröße, gut gebaut, wenn auch *ein wenig weibisch.* Er trug einen rötlichen, sauber geschnittenen Bart, hatte ein hübsches Gesicht und pflegte eine sehr höfliche und zuvorkommende Konversation[7]. Der Autor der Omagua-Expedition beschreibt ihn als einen jungen Burschen mittlerer Körpergröße und *etwas zart gebaut*, mit wohlgestalteten Gliedern, einem anmutigen Gesicht und dichtem, sauber geschnittenem roten Bart[8], zuvorkommend und geschmackvoll gekleidet[9]. Der Hauptmann starb im Alter von etwa fünfunddreißig Jahren. Er muß wie der klassische jugendliche Held der antiken Mythen ausgesehen haben. Sein Äußeres, seine Liebschaften und sein Ende rücken ihn mehr in die Nähe eines Adonis oder Attis als in die eines athletischen Herkules oder eines triumphierenden Apoll. Aber lassen wir diese weit hergeholten klassischen Vergleiche. Seine Landsleute, die Basken aus dem Tal von Baztán, sahen in ihm eher den »hübschen Jungen« (»mutiko polita«) und weniger einen aufrechten Mann («guizon prestua«). Was seine Handlungen und ihre Beurteilung angeht, so kann man im Gewirr all der wortreichen Wehklagen mindestens drei Hauptströmungen ausmachen:

1. Pedro de Ursúa ist nach den Berichten aus allererster Hand, die von Jos veröffentlicht wurden (zum Beispiel dem Text eines anonymen Autors, der dem »Marañón« Custodio Hernández zugeschrieben wird), »ein Mann von angenehmem Äußeren, etwa fünfunddreißig Jahre alt, aus sehr guter Familie und erfahren im Handwerk des Krieges«[10]. Auch im »Brief-Bericht« des Juan Vargas Zapata wird er als »ein sehr ehrbarer Ritter, gebürtig aus Navarra, ein sehr freundlicher Hauptmann« angesehen[11]. Andere, ausgefeiltere Berichte, urteilen ähnlich.
Der Inka Garcilaso de la Vega berichtet, daß er »Pedro de Orsúa« in Peru kennengelernt habe. Er beschreibt ihn als einen »Mann von großer Güte und Tugend, ein wahrer Edelmann und von sehr angenehmem Äußeren«[12] und fährt fort: »...die Güte Pedro de Orsúas war seine große Stärke«[13]. Neben dieser persönlichen Würdigung findet sich in diesem Werk nur wenig, das nicht aus anderen Quellen übernommen wurde.

Auch Juan de Castellanos, der vom zweiten bis siebten Gesang der Elegie XIV seines gewaltigen Gedichtes die Heldentaten Ursúas und den Marsch Aguirres bis zu dessen Tod erzählt, sieht Don Pedro gemäß dieses Klischees: ein großzügiger, mutiger Mann, der schließlich sein Leben verliert, weil er sich von der Leidenschaft der Liebe beherrschen ließ, einer Leidenschaft, die einem Konquistador nicht ansteht[14].

2. Dieses Urteil Castellanos eröffnet uns jedoch einen zweiten wichtigen Gesichtspunkt. Es stimmt sicherlich, daß Pedro de Ursúa von seinem ersten Auftreten in Amerika an bis zum Beginn der berühmten Expedition ein anmutiger, höflicher und fähiger Mann war. Aber auf dieser Expedition büßte er doch viele seiner Qualitäten ein. Vázquez führt zwei Hypothesen an, um die Veränderung in seinem Charakter zu erklären:

– Seine Geliebte, Doña Inés, war daran schuld, da er durch sie jeden Tag melancholischer und mißtrauischer wurde.
– Eine Krankheit bewirkte diese Veränderungen[15].

Trotz der äußeren Qualitäten, die stets einen angenehmen Eindruck von ihm hinterließen (»ein hübsches und fröhliches Gesicht«, zuvorkommende Umgangsformen, gute Erziehung und Eleganz)[16], offenbart er doch charakterliche Mängel, die nicht allein auf den ausschlaggebenden Einfluß einer Frau oder auf eine späte Krankheit zurückzuführen sind: »...Auf eine gewisse Weise war er habsüchtig, obwohl er, wenn es nötig war, großzügig gab und noch großzügiger versprach. Wenn er jemanden brauchte, machte er ihm großartige Angebote und Versprechen, und wenn er ihn so weit hatte, daß es kein Zurück mehr gab und er alles erreicht hatte, was er wollte, so hielt er nicht alle seine Versprechen. Doch dieses Laster ist weit verbreitet unter den Hauptleuten beider Indien. Wenn einer seiner Soldaten einen Gegenstand oder ein Kleinod besaß, das ihm gefiel, begehrte er es und versuchte es ihm abzuhandeln und in seinen Besitz zu bringen. Er war in gewisser Weise undankbar zu seinen Freunden und zu denen, die für ihn gekämpft und ihm gedient hatten. Zu Kranken und Bedürftigen war er wenig barmherzig; er besuchte sie nur selten. Er erinnerte sich lange an Ärgernisse und Streitigkeiten und war bei der Führung und Aufrechterhaltung der Disziplin in seinem Lager und seiner Truppe nachlässig und leichtsinnig geworden, war schlecht gelaunt und mürrisch... Schließlich war er ein großer Liebhaber der Frauen, wenngleich er den Anstand hatte, nicht mit ihnen zu handeln oder sich dessen – wie es viele andere in ähnlichen Angelegenheiten taten – zu rühmen...«[17]. Toribio de Ortiguera gibt ähnliche Beschreibungen, auch wenn er die Äußerungen über Ursúas schlechten Charakter Fernando de Guzmán anläßlich einer Rede in den Mund legt, mit der er die Ermordung Pedros zu rechtfertigen sucht[18]. Bei Hernández ist es Lope de Aguirre selbst, der sich so über Ursúa äußert[19]. Nach diesen Zeugnissen stellt sich uns Ursúa nicht mehr als ein vollendeter Ritter dar, sondern eher als ein dünkelhafter, donjuanesker, habsüchtiger, je nach Erfordernis süßlicher oder unbarmherziger Adliger.

3. Andere Schriften entwerfen bei der Beschreibung seiner früheren Waffentaten das Bild eines schlauen jungen Mannes, fähig, andere durch seine angenehmen Umgangsformen zu fesseln und zu überzeugen, durch sein anmutiges Aussehen sogar zu verführen, aber rücksichtslos gegenüber unglückseligen oder niedriger gestellten Menschen. Als Günstling des Vizekönigs, des Marquis von Cañete, Don Andrés Hurtado de Mendoza, glänzt er bei der Unterwerfung der aus der Sklaverei entflohenen Neger Panamas nicht nur durch diplomatisches Geschick: »aufgrund seines Einsatzes gelang es diesem vortrefflichen Hauptmann in kurzer Zeit einen großen Teil dieser schlechten Menschen niederzuwerfen, zu töten oder von Hunden zerreißen zu lassen«, schreibt Ortiguera[20], und andere bestätigen es.

Pedros wichtigste Taten

Mit der Absicht, Lope de Aguirre zu rehabilitieren, versuchte Ispizua aufzuzeigen, daß Ursúa nicht gerade ein Heiliger war, und bezog sich auf das, was die Historiker über den Krieg gegen jene unglückseligen Schwarzen schrieben. Wie viele andere Spanier seiner Zeit machte auch Ursúa einen großen Unterschied zwischen Menschen und Menschen. Schwarze galten eigentlich nicht als Menschen, und unter den Weißen gab es hierarchische Abstufungen. Folglich konnte dieselbe Handlung gegen einen Schwarzen oder einen Weißen völlig unterschiedlich beurteilt werden. In seinem Brief an Philipp II. bezeichnet Lope de Aguirre ihn als »schlechten Gouverneur, so verdorben und lasterhaft, daß wir ihn nicht mehr ertragen konnten«[21]. Wir wollen jedoch nicht näher auf diese Aussage eingehen und uns stattdessen den Zeugnissen über seine Kämpfe gegen Indianer, Schwarze und andere zuwenden.

Fray Pedro de Aguado hat sie in allen Einzelheiten beschrieben und auch von anderen erwähnenswerten Taten des jungen Navarresers berichtet. Ursúa kommt im Jahr 1545 mit seinem Vetter, dem Lizenziaten Díaz de Armendáriz, nach Cartagena de Indias. Dieser Lizenziat hatte die Aufgabe, das Amtsgebahren des Statthalters Heredia zu untersuchen. Es gibt verschiedene Dokumente vom Juli desselben Jahres, in denen Díaz de Armendáriz über seine Tätigkeit berichtet[22].

In einem Brief vom 27. April 1547, schreibt der Lizenziat, nun bereits Gouverneur, dem Statthalter Belalcázar, daß *seine Heimat an Frankreich angrenze* und daß er sich vier Jahre, die besten seines Lebens, in Frankreich aufgehalten habe, obgleich er kategorisch feststellt: *no soi francés, soi viamontés.* *

Aus demselben Brief geht hervor, daß er am 3. April vierzig Jahre alt geworden war, das heißt, daß er 1507 geboren wurde. Bereits vor siebenundzwanzig Jahren hatte er seine Heimat Navarra verlassen, um zu studieren. Er verbrachte zehn Jahre in Salamanca, am Colegio Mayor de San Bartolomé, an dem auch der Lizenziat La Gasca oder Gasca studierte. Man mußte drei Prüfungen bestehen, um dort aufgenommen zu werden: eine Wissensprüfung, eine Prüfung der Umgangsformen und eine Prüfung der Abstammung, mit der belegt werden sollte, daß der aufgenommene Student nichts Jüdisches oder »ähnlich Schlimmes« an sich hatte, sondern von reinem Blut war[23]. Außerdem hatte der Lizenziat in Frankreich studiert... Neben der nicht unbedeutenden Rolle, die er als Rechtsgelehrter in der Geschichte des kolonialen Amerikas spielte (er war es, der die *Nuevas Leyes,* die Neuen Gesetze, veröffentlichte), erwies sich der Regierungsbeamte Díaz de Armendáriz[24] als recht gewalttätig, ordnete militärische Aktionen an, zu denen er nicht befugt war, und verließ sich dabei allem Anschein nach auf seinen Vetter, der viel jünger war als er (weswegen ihn einige für seinen Neffen hielten)[25].

Als Vertreter der Regierungsgewalt mußte der Lizenziat in erster Linie die Auswirkungen des »Pizarrismus« bekämpfen, und Pedro de Ursúa agierte, gemeinsam mit dem Bischof von Santa Marta, im Neuen Königreich von Granada als sein Stellvertreter[26].

Das amerikanische Leben Pedro de Ursúas weist vier unterschiedliche Arten von Aktivitäten auf: 1) sein Handeln als Stellvertreter seines Vetters bei repressiven Maßnahmen gegen Spanier; 2) die Kämpfe gegen die Indianer; 3) die Kämpfe gegen die Schwarzen; 4) die Expedition nach El Dorado.

Ursúa ist zunächst ein entschiedener »Realist«, ein Verteidiger der Interessen Philipps II.

Kurz vor seiner Ankunft in Cartagena de Indias hatte es bereits eine Expedition nach El Dorado unter der Leitung des jungen Deutschen Philipp von Hutten gegeben, die ähnlich wie die Expedition des navarresischen

* Ich bin kein Franzose, ich bin »Beamontés«. Beamontés = Angehöriger einer alten Partei Navarras, angeführt vom Condestable Luis de Beaumont, die gegen die Agramonteser unter dem König Johannes II. von Navarra kämpften. [AdÜ]

Hauptmanns ein unglückseliges Ende fand. Philipp von Hutten, den Fray Pedro de Aguado Phelipe de Utre und Phelipe Dutre nennt, war im August 1541 aufgebrochen. Vier Jahre später lernte Ursúa noch viele Männer kennen, die diesem Hauptmann gefolgt waren oder sich gegen ihn erhoben hatten[27].

Für Pedro de Ursúa war die Begegnung mit diesen Männern, die an den allerersten Suchexpeditionen nach El Dorado teilgenommen hatten, fatal; fatal in der eigentlichen Bedeutung dieses Wortes, denn sie bestimmte von nun an sein ganzes Leben. In seinen Gedanken beschäftigte er sich allein mit diesem phantastischen Land. Zwischen dem Ausscheiden seines Vetters aus dem Amt als Gouverneur und dem Augenblick, da er Führer der Omagua-Expedition wurde, hatten alle seine Handlungen, selbst wenn er sie mit Beflissenheit verrichtete, etwas Nebensächliches an sich. Womöglich weisen selbst die Listen, mit denen er die Ausführung seiner Pläne durchsetzte, auf eine gewisse Zurückhaltung hin.

Gerade war Pamplona gegründet worden, als die Amtszeit des Lizenziaten Díaz de Armendáriz als Gouverneur ablief. Die Lizenziaten Góngora und Galarza wurden zu Auditoren ernannt, nachdem zuvor der Lizenziat Zurita Anweisung erhalten hatte, das Amtsgebahren des scheidenden Gouverneurs zu überprüfen. Ganz im Gegensatz zu Zurita, wurden die Auditoren bald aktiv, so daß Pedro de Ursúa die Hoffnung aufgab, in nächster Zukunft eine Expedition nach El Dorado unternehmen zu können. Die Auditoren erwiesen sich als voreingenommen gegenüber Díaz de Armendáriz, doch waren sie Ursúa wohlgesonnen, beauftragten ihn freilich mit einer Mission, die sich doch sehr von der von ihm begehrten unterschied: die Befriedung der Muso-Indianer und anderer Eingeborener, die sich gegen die Spanier erhoben hatten. Ursúa begann seine Mission mit nur 125 Männern zu Fuß und zu Pferd und blieb seinem Ruf als gleichzeitig »listiger und angenehmer« Mann treu. Er zeigte Milde und tötete nur einen der aufrührerischen Häuptlinge. Schließlich gelang es ihm und seinen Soldaten, unter nicht unbedeutenden Anstrengungen die Region von Vélez und Savaya, ab dem Tal von Tumungua, zu befrieden[28], bevor er in das eigentliche Gebiet der Musos eindrang. Der Hauptmann wählte einen Ort für eine Befestigung, um von dort aus verschiedene Expeditionen zu unternehmen. Dieses Fort war bald von einer großen Zahl von Indianern eingeschlossen. Unter Lebensgefahr wagte Ursúa einen Ausbruch und überstand alle Angriffe und Hinterhalte siegreich[29]. Selbst der Verrat durch von den Musos nur vorgetäuschte Verhandlungen wurde rechtzeitig von einer Muisca-Indianerin aufgedeckt[30]. Pedro de Ursúa versuchte aufrichtig, die Auditoren zufriedenzustellen, denn sie konnten ihm »Gutes wie auch Böses antun«, wie Fray Pedro de Aguado sehr anschaulich formulierte[31]. Mit den Gedanken war er aber immer bei einem ganz anderen Unternehmen. Dennoch gründete er bei Gelegenheit die Stadt Tudela de Navarra, im Gedenken an die Geburtsstadt seiner Mutter, und zelebrierte einen im Detail überlieferten Gründungsritus. Als Hauptmann seiner Leute stieg er bis an die Zähne bewaffnet auf sein Pferd – hinter ihm standen seine Soldaten und alle übrigen Leute – und verkündete seinen Willen, an diesem Ort im Namen des Königs von Kastilien, dessen Untergebener und Vasall er sei, eine Stadt

zu erbauen. Dann forderte er jeden, der ihm widersprechen wolle, heraus, mit ihm zu kämpfen. Da sich kein Widerspruch regte, stieg er von seinem Pferd, verkündete die Gründung im Namen des Königs, bemächtigte sich der Stadt als Eigentum der Krone, zog zum sichtbaren Zeichen sein Schwert und führte dort, wo er stand, mehrere Hiebe aus, wobei er alles, was ihm in den Weg kam, durchtrennte. In der Mitte der zukünftigen Plaza ließ er als Pranger einen dicken Pfahl einrammen, an dem zukünftig die Vertreter des Königs Verbrechern und Übeltätern Gerechtigkeit widerfahren lassen würden. Anschließend ernannte er zwei Bürgermeister, acht Richter, einen Bevollmächtigten der Stadt, einen Verwalter und einen Gerichtsdiener, die jeweils am ersten Tag eines jeden Jahres ersetzt werden sollten. Dann kam der Augenblick, an dem das Territorium aufgeteilt wurde. Zunächst erhielt die Kirche ein Grundstück, dann der Hauptmann, also er selbst, und schließlich die anderen Amtsträger, wobei die Häuserblöcke gemäß der nachfolgenden Zeichnung errichtet wurden. Diese Zeichnung ist die graphische Umsetzung dessen, was Fray Pedro de Aguado darüber schreibt.[32].
Nach diesem Grundmuster wurden zahlreiche amerikanische Siedlungen

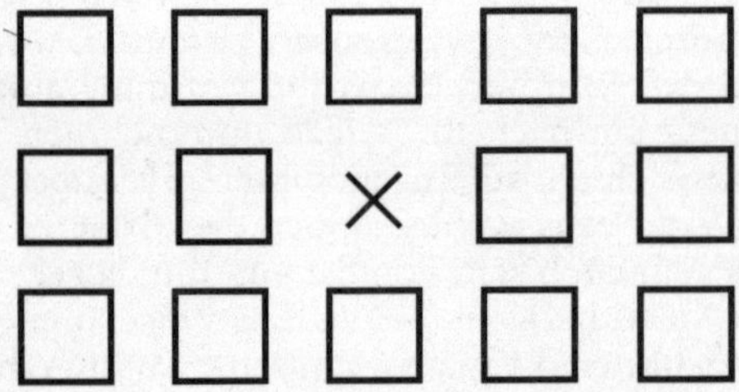

gegründet. Es entspricht der Vorlage für verschiedene Ortsgründungen auf der iberischen Halbinsel gegen Ende des 15. Jahrhunderts. Tudela gedieh nicht weiter, weil Ursúa die Stadt bald verließ[33], um im Auftrag der Auditoren die Region von Santa Marta zu befrieden, eine Aufgabe, die ihm sehr schwer fiel, denn seine Gedanken kreisten immer noch um El Dorado[34].

Die Expedition von Santa Marta stand schon am Anfang unter einem schlechten Stern. Die Soldaten weigerten sich, ihm zu folgen, da sie befürchteten, in eine üble Gegend zu kommen. Ursúa hatte unter dem Neid und der Treulosigkeit eines seiner Stellvertreter zu leiden, mußte schließlich einer Schlacht aus dem Wege gehen, um so gut es ging, aus der Region zu fliehen, die er befrieden sollte[35]. Nach diesem Debakel versuchte er erneut, seine aufrührerischen Leute hinter sich zu bringen und kehrte in das Neue Königreich von Granada zurück. Dort waren Góngora und Galarza aus ihrem Amt ausgeschieden. Als neue Auditoren fungierten die Lizenziaten Brizeño und der Díaz de Armendáriz äußerst feindlich gesonnene Montaño.

Pedro de Ursúa sah sich von einer Überprüfung seiner Amtsführung bedroht und begab sich nach Pamplona, wo er Freunde und Verwandte hatte. Als er erfuhr, daß man den Hauptmann Lanchero entsandt hatte, um ihn zu ergreifen, floh er unbemerkt vor dessen Augen nach Tunja, um sich von hier aus – in aller Stille – auf den Weg nach Santa Fe zu machen. Endlich erreichte er den Hafen von Buenaventura, wo er sich, immer auf der Flucht vor der drohenden Verfolgung, nach Panama einschiffte[36].

Als Ursúa in Panama eintraf, wurde das Land von Unruhen im Inneren und auch vor allem an seinen Grenzen erschüttert. Die Heerstraße nach Nombre de Dios war unterbrochen, nachdem es Negersklaven, die sich durch Flucht von ihrem harten Joch befreit hatten, gelungen war, einen beträchtlichen Widerstand zu organisieren. Zudem griffen sie beständig die Reisenden, Händler und Fuhrleute an, die diese Route benutzten. Angesichts des Ruhmes, den sich Ursúa als listiger und umsichtiger Hauptmann erworben hatte, beauftragten ihn die Kaufleute Panamas mit der Zerschlagung der Negerbanden[37].

Ursúa ging aus dieser Unternehmung als glänzender Sieger hervor und wandte eine List an, die eines Odysseus würdig gewesen wäre. Von Nombre de Dios aus brach er zu seiner Strafexpedition auf, ausgestattet mit dem Geld der Kaufleute, Vollmachten des Gouverneurs und Soldaten, von denen später einige an der Expedition nach El Dorado teilnahmen, unter anderem sein Verwandter Francisco Díaz oder García de Arce, ein hervorragender Büchsenschütze. Ich möchte nicht auf alle Einzelheiten des Kampfs gegen die Schwarzen eingehen. Hervorzuheben ist jedoch Ursúas Geschick bei der Einschätzung seiner Gegner, die einem religiösen Synkretismus anhingen, der einem frommen Navarreser, wie es Ursúa bis zu einem gewissen Punkt war, mit Abscheu erfüllt haben muß. Fray Pedro de Aguado liefert viele Details über die Spielarten des Glaubens und die zahlreichen Riten der Untertanen des Königs Bayomo, des Gegenspielers von Ursúa[38]. Als Ursúa erkannte, wie schwierig es sein würde, die Schwarzen mit Waffengewalt zu bezwingen, schlug er seinen Soldaten vor, zur List zu greifen. In der Ansprache an seine Soldaten, von Aguado aufgezeichnet, kündigte er eine Täuschung der Neger bis zum Äußersten an. Sein Standpunkt ist der eines Spaniers jener Zeit. Die Schwarzen sind eigentlich keine menschlichen Wesen. Ihre Pflicht ist es zu dienen, ihr Aufstand verstößt gegen alle göttlichen und menschlichen Rechte, und schließlich sind sie von dem Glauben abgefallen, den sie mit der Taufe erhielten. »Allein dieser letzte Grund gibt uns das Recht, die Versprechen, die wir ihnen machen, nicht zu halten und unsere Taten ohne Skrupel zu vollbringen«[39].

Der arme König Bayomo, der zu Pedro in Kontakt getreten war, ließ sich von der scheinbaren Freundlichkeit des eleganten, jungen Hauptmanns aus Navarra verführen. Dieser hatte seine Einladungen angenommen und ihn wie einen Gleichgestellten behandelt. Eines Tages lud er seinerseits den König und seine wichtigsten Gefährten zu einem Festessen ein, servierte vergifteten Wein und brachte anschließend einige der Schwarzen um. Den unglückseligen König und die anderen Überlebenden ließ er festnehmen[40]. Ich glaube nicht, daß man – wie manche es tun, allen voran Ispizua – Ursúa die Schuld an dem grausamen Blutbad geben kann, das die Behörden dann unter den gefangengenommenen Schwarzen anrichteten. Ursúa ließ Bayomo nach Lima zum Vizekönig bringen, dieser schickte ihn nach Spanien. Andere schwarze Gefangene, die ihm selbst verblieben waren, wurden auf die Galeeren geschickt oder verkauft[41]. All dies ereignete sich in den Jahren 1557 und 1558. Das Ansehen Ursúas hatte seinen Höhepunkt erreicht: Endlich war für ihn die seit mehr als zehn Jahren herbeigesehnte Stunde gekommen. Er würde der Führer der Expedition nach El Dorado sein[42], die von Peru aus aufbrechen sollte. Dort traf er Ende 1558 ein.

Man kann also nicht behaupten, daß Ursúa die Expedition nach El Dorado als Grünschnabel begann, daß ihm der Marquis von Cañete, der damalige Vizekönig, grundlos das Amt eines Gouverneurs verliehen hätte, oder daß er nicht schon seit Jahren das Projekt in seinem Kopf verfolgt hätte[43]. Gleichwohl sahen andere, die sich für ebenso verdienstvoll hielten und ebenfalls nach diesem Posten strebten, die Ernennung des navarresischen Hauptmanns als pure Gunstbezeugung an. Es wurde sogar vermutet, daß der Vizekönig, der eine strenge Überprüfung seiner Amtszeit befürchtete, für alle Fälle über eine von einem Mann seines Vertrauens befehligte Streitmacht verfügen wollte. Die Meinungen gingen auseinander. Die kleinen Leute munkelten; die höhergestellten Edelleute schenkten diesen Gerüchten kein Gehör[44]. Es gab aber auch solche, die die Expedition als eine Art Aderlaß oder Säuberung ansahen, um Peru von – wie man heute sagen würde – »unerwünschten Elementen«, von einer Vielzahl überflüssiger, aufrührerischer Männer[45] zu befreien.

Pedro de Ursúa selbst litt darunter, daß er sich der Gunst des Vizekönigs nicht sicher sein konnte[46], und lebte so in ständiger Anspannung.

Begann er das Unternehmen als kranker, kraftloser Mann? Oder erkrankte er erst in der Zeit zwischen dem Beginn der Vorbereitungen und seiner Ermordung? Vielleicht hat die nervöse Aufregung, in der er sich befand, als er seinem langgehegten Traum nahe war und doch mit so vielen Mängeln und Zwängen zu kämpfen hatte, seinen Charakter verbittert und seine Gesundheit ausgehöhlt. Vielleicht verschlimmerte sich sein Zustand aber auch in dem Maße, in dem sie Meile um Meile auf dem Fluß zurücklegten, ohne den geringsten Hinweis darauf, daß sie sich El Dorado näherten.

Letztendlich wurde Pedro de Ursúa das Opfer eines ›Mythos‹, der bereits viele vor ihm besessen gemacht hatte und der schließlich eine Art materielle Bestätigung mit der Entdeckung der Vorkommen von Minas Gerais in Brasilien fand. Aber diese beispiellosen Gold- und Diamantenvorkommen waren keineswegs die Beute von gewalttätigen und kühnen Soldaten, sondern vielmehr Gegenstand wohldurchdachter Projekte der portugiesischen Machthaber des 18. Jahrhunderts und Objekt von Geschäftsleuten und Spekulanten an den verschiedenen europäischen Börsen[47]. Bedenken wir auch, daß es bereits zur Zeit Ursúas nicht an gottesfürchtigen Stimmen fehlte, die in dem Unterfangen einen Verstoß gegen bestimmte ethische Prinzipien sahen. So hielt der Pater Acosta diese Expedition nach El Dorado für ein Unternehmen der Maßlosigkeit, das aus eben diesem Grund ein böses Ende finden mußte[48]. Das Ende war böse und abenteuerlich zugleich.

Pedro de Ursúa war, wie bereits erwähnt, ein Weiberheld. Zu der Zeit, als die Expedition nach El Dorado aufbrechen sollte, war er in eine heftige Liebschaft mit einer Naturschönheit aus dem peruanischen Trujillo, einer

Doña Inés de Atienza, verstrickt. Sie war Witwe und hatte bereits ein leidenschaftliches Verhältnis mit Francisco de Mendoza unterhalten. Gegen den allgemeinen Widerstand entschloß sich Ursúa, jene Dame mitzunehmen. Natürlich gab es auch andere »Marañones«, die auf der Expedition von Frauen begleitet wurden. Selbst Aguirre hatte sein armes Töchterchen mitgenommen. Die eigene Tochter oder Ehefrau oder eine mehr oder weniger häßliche und treue Gefährtin sind jedoch nicht mit einem von allen begehrten, außergewöhnlichen kreolischen Geschöpf zu vergleichen.

Pedro de Ursúas Liebschaft mit Doña Inés erreichte schließlich eine Art von Besessenheit, während einige seiner Hauptleute gereizt und brünstig um sie herumstrichen. Zur Strafe mußten mehrere Soldaten das Boot der peruanischen Schönheit rudern[49]. Als er schließlich vom Schwert durchbohrt starb, äußerten seine treulosen Gefolgsleute etwas für das Denken von Soldaten und Seeleuten sehr Typisches. – Ihr Anführer sei von jener bösen Frau, einer Circe der Neuen Welt, verhext und verzaubert worden[50].

In Wirklichkeit war Pedro de Ursúa seiner zügellosen Leidenschaft unterworfen und Doña Inés muß ihn tatsächlich geliebt haben. Nachdem sich die ersten Beschimpfungen und Streitigkeiten nach seinem Tod gelegt hatten, konnte sie zwischen drei oder vier Hauptleuten auswählen, wobei ein weiterer Navarreser sie heftigst verfolgte: Lorenzo de Zalduendo[51]. Lope de Aguirre ordnete schließlich an, die Frau umzubringen, und stellte später einige moralisierende Überlegungen bezüglich der schlimmen Folgen an, die aus der Beteiligung derartiger Frauen an kriegerischen Expeditionen und männlichen Unternehmungen resultierten[52]. Diese Einschätzung vertrat er im übrigen auch schon *vor* der schrecklichen Ermordung einer armen »Verliebten«, die Opfer ihrer Schönheit wurde.

Das Eigenartige an der Expedition nach El Dorado ist, daß selbst die geringsten Details extreme Dimensionen annehmen und die Charaktere ins krankhaft Gigantische zu wuchern scheinen. So wird aus einer kreolischen Schönheit ein Symbol, eine Art Circe.

Und selbst Pedro de Ursúa, ein baskisch-navarresischer Ritter, Sproß eines bekannten Geschlechts, Beamonteser der kastilischen Partei, ein noch junger, eleganter und mutiger Eroberer, diplomatisch und sich seiner Interessen durchaus bewußt, der hinter einem heiteren Äußeren Leidenschaften und gewalttätige Anwandlungen verbarg, die über das normale Maß hinausgingen, dieser Pedro de Ursúa wurde zu einem Symbol der Ergebenheit, der Treue und des Heldentums. Dies geschah weniger aufgrund eigener Verdienste, vielmehr wurde ihm durch die Konfrontation mit anderen symbolischen Personen diese Rolle aufgezwängt, deren Besetzung zur Verteidigung der Interessen der Krone und der öffentlichen Meinung schlichtweg »notwendig« war.

Um seinem tragischen Ende noch eine legendenumwobene Krone aufzusetzen, wird von einem alten Komtur des Ordens vom Heiligen Johannes, seinem Freund Juan Núñez de Guevara berichtet, der fünf Tage vor dem Mord nachts vor der Hütte spazierenging, in der der Gouverneur schlief. Plötzlich sah er – wie er erzählt – hinter dieser Hütte eine schwarze Gestalt vorüberhuschen, die leise, aber hörbar folgende Worte sprach: »Pedro de Ursúa, Gouverneur von El Dorado und Omagua, möge Gott Dir verzeihen!« Danach habe sich die Gestalt vor den Augen des Komturs in Luft aufgelöst[53]. Lope de Vega hätte in seinen Dramen keine wirkungsvollere Szene entwickeln können.

Die Tauben im Wappen der Ursúa, diese der Venus gewidmeten Tiere, die als Sinnbilder der Liebe fungieren, symbolisieren recht treffend die Facette des Liebhabers im Leben des Gouverneurs von El Dorado, so wie der Wolf im Schilde der Aguirre als Symbol Lope de Aguirres angesehen werden kann, eines Mannes von seltsamem Wesen, das – wie ich versucht habe zu zeigen – würdig ist, genauer untersucht zu werden. Jedenfalls stehen sich in der Beurteilung beider Personen schon seit Jahrhunderten der edle, schmucke, diplomatische und verschlagene Baske und der cholerische, boshafte, zu Späßen aufgelegte und doch schreckliche Baske gegenüber. Der eine verklärt, der andere verdammt.

Anmerkungen

Kapitel 1

1 Als Ausgangspunkt dient mir die *Vida y cosas notables del señor obispo de Zamora Don Diego de Simancas, natural de Córdoba, colegial del colegio de Santa Cruz, de Valladolid, escrita por el susodicho,* in *Autobiografías y memorias.* N.B.A.E., II (Madrid, o.J.), S. 151-210.

2 Siehe seinen Prozeß: *Colección de documentos para la Historia de España* XI (Madrid, 1847), S. 255-267: die fünfunddreißig Fragen zur Verteidigung des Fray Luis.

3 Miguel de la Pinta Llorente, *Proceso contra el hebraísta salmantino Martín Martínez de Cantalapiedra* (Madrid-Barcelona, 1946), S. LX etc.

4 Simancas, a.a.O., S. 151, b.

5 Antonio Montes de Porres, *Suma. Diana, recopilado en romance*... (Madrid, 1657), S. 410, b, erwähnt beide Meinungen. Simancas Werk *De catholicis institutionibus* wurde zum ersten Mal im Jahr 1552 in Valladolid gedruckt; in seiner Autobiographie (a.a.O., S. 152, a) bezieht er sich auf das Manuskript von 1545.

6 Carena, *Tractatus de officio Sanctissimae Inquisitionis* (Lyon, 1649), S. 24 (Teil I, Kap. V).

7 Serrano y Sanz erwähnt ihn in einer Anmerkung zu einer Textpassage der Autobiographie, a.a.O., S. 152, b.

8 Zu diesen Ämtern s. Carena, a.a.O., S. 34-41 (Teil I, Kap. VIII, Abschn. I-VIII).

9 *España Sagrada* XXXIX (Madrid, 1795), S. 168-171. Er starb am 29. Januar 1695 im Alter von dreiundneunzig Jahren: Duque de Maura, *Vida y reinado de Carlos II* II (Madrid, 1954), S. 91.

10 *Historia eclesiástica de la ciudad y obispado de Badajoz, continuación de la escrita por D. Juan Solano de Figueroa I* (Badajoz, 1945), S. 167-270.

11 *Historia eclesiástica,* a.a.O. I, S. 273-281; die Rede ist von Alfonso Rozado y Aguado.

12 Carena, *a.a.O.*, S. 374, a - 404, a.

13 Carena, *a.a.O.*, S. 41, b - 46, b (Teil I, Kap. IX, Abschn. I-VI).

14 Carena, *a.a.O.*, S. 46, b - 47, b (Teil I, Kap. X, Abschn. I-II).

15 Carena, *a.a.O.*, S. 21, a (Teil I, Kap. V, Abschn. I).

16 Carena, *a.a.O.*, S. 21, a: Montes de Porres, a.a.O., S. 410, b.

17 Carena, *a.a.O.*, S. 21, a-b (Teil I, Kap. V, Abschn. II).

18 Carena, *a.a.O.*, S. 21, b - 22, a (Teil I, Kap. V, Abschn. III).

19 Carena, *a.a.O.*, S. 22, a - 23, b (Teil I, Kap. V, Abschn. IV).

20 Carena, *a.a.O.*, S. 23 (Teil I, Kap. V, Abschn. IV).

21 Montes de Porres, *a.a.O.*, S. 411, a.

22 Carena, *a.a.O.*, S. 47, a - 48, a (Teil I, Kap. XI, einziger Abschnitt).

23 Carena, *a.a.O.*, S. 48, a - 49, b (Teil I, Kap. XII, einziger Abschnitt).

24 Carena, *a.a.O.*, S. 49, a - 50, a (Teil I, Kap. XIII, einziger Abschnitt).

25 Carena, *a.a.O.*, S. 54, b (Teil I, Kap. XVI, einziger Abschnitt).

26 Carena, *a.a.O.*, S. 53, b - 54, a (Teil I, Kap. XV, einziger Abschnitt).

27 Carena, *a.a.O.*, S. 50, a - 53, a (Teil I, Kap. XIV, Abschn. I-VII).

28 Santiago Montoto, *Sevilla en el Imperio (siglo XVI)* (Sevilla, 1938), S. 96.

29 Montoto, *a.a.O.*, S. 95-96.

30 Montoto, *a.a.O.*, S. 75.

31 Montoto, *a.a.O.*, S. 81.

32 Carena, *a.a.O.*, S. 156, a (Teil II, Kap. VI, Abschn. XVI).

33 Mindestens zweimal läßt Tirso de Molina einige Bauern, die sich über die Sanftheit und Verweichlichung der Männer vom Hof wundern, folgende Worte sagen:

»... möge Gott,
daß ihr das Brennholz nicht verteuert«.

In *Los lagos de San Vicente* und in *Las Quinas de Portugal,* erste Szene des ersten Aktes, finden sich diese beide Male fast identischen Worte: *Comedias de tirso de Molina* II (N.B.A.E., IX), S. 28, a und 569, a.

34 Montes de Porres, *a.a.O.*, S. 417, b - 423, a.

35 Über diese sehr bekannte kleine Geschichte verfaßte Azorín eine Glosse.

36 Amos de Escalante, *Costas y montañas* (Madrid, 1921), S. 340-341. Eine Abbildung des Grabmals findet sich sogar in den einfachsten Reiseführern; s. z. B. den von *Santander* (Madrid 1927?), S. 34.

37 »Hic iacet licentiatus Antonius del Corro, vir praeclarus moribus et nobilitate, ac perpetuae memoriae dignus, canonicus hispalensis ac ibidem contra hereticam pravitatem a Catholicis Regibus Ferdinando et Elisabeth usque ad suum obitum apostolicus inquisitor et huius almae Ecclesiae tanquam naturalis utique beneficiatus, qui obiit vigesima nona die mensis julii anno 1556 aetatis veru suae 84.« Luis Fernandez de Varoja, »Nuestra Señora de los Angeles de San Vicente la Barquera«, in *Museo de las familias,* Jahr XXIV, 36 (zweite Serie 1866), S. 282, a - 283, a, führt die Inschrift mit ihren Abkürzungen an.

38 Er wird kurz erwähnt von Menendez Pelayo, *Historia de los heterodoxos españoles* V (Madrid, 1928), S. 154-155, und von Marcel Bataillon, *Erasme et l'Espagne* (Paris, 1937), S. 566, 587, 614 und 669. Über sein Stammhaus finden sich einige Zeilen bei Elias Ortiz de la Torre, *La montaña artística. Arquitectura civil* (Santander, 1927), S. 38, Abbildung 24.

39 Diego Ortiz de Zuñiga, *Anales eclesiásticos y seculares de la muy noble y muy leal ciudad de Sevilla* III (Madrid, 1796), S. 336-337.

40 Nicolás Antonio, *Bibliotheca Hispana Nova* I (Madrid, 1783), S. 295, a-b, nennt weitere Werke des Erzdiakons.

41 Carena, *a.a.O.*, S. 13, b (Teil I, Kap. III, einziger Abschnitt).

42 Carena, *a.a.O.*, S. 14, a (Teil I, Kap. III, einziger Abschnitt).

43 Fray Antonio de Guevara erwähnt diese Sitzungen; s. Julio Caro Baroja, *Vidas mágicas e Inquisición* II (Madrid, 1967), S. 9-10.

44 Simancas, *a.a.O.*, S. 154, a.

45 Simancas, *a.a.O.*, S. 154, a.

46 Simancas, *a.a.O.*, S. 154, a-b.

47 Simancas, *a.a.O.*, S. 156, b.

48 Zahlreiche Zeugnisse über Lucero finden sich bei H. Ch. Lea, *A History of the Inquisition of Spain* I (New York), 1907, S. 189, 197, 206, 210.

49 *Memorias,* Buch IV, Kap. X (»Memorial histórico español« VII) (Madrid, 1854), S. 393-394.

50 Gonzalo Correas, *Vocabulario de refranes y frases proverbiales* (Madrid, 1924), S. 249, b.

51 *Libro de chistes* in *Sales españolas,* B.A.E. (Forts.), CLXXVI, S. 109, a-b. Eine weitere Anekdote über diesen Mann findet sich auf Seite 111, b.

52 Ich habe über diesen Kardinal eine Dokumentation, die seinen seltsamen Charakter offenbart, zusammengestellt. Diese sollte jedoch in ihrer Gesamtheit im Rahmen einer Lebensbeschreibung dieses Mannes präsentiert werden.

53 *Libro de chistes, a.a.O.*, S. 250, b.

54 Diese Grabinschrift wurde bereits veröffentlicht von A.J.S., »España pintoresca. Sepulcro del arzobispo Valdés«, in *Semanario pintoresco español,* 29. August 1841, S. 273-274. Jose Maria Quadrado, *Asturias y León* in der Serie *España, sus monumentos, etc.* (Barcelona, 1885), S. 325-327, befaßt sich mit dieser Kirche und dem, was in ihr zu finden ist.

55 J. A. Llorente, *Histoire critique de l'Inquisition d'Espagne* II (Paris, 1817), S. 134-137; III (Paris, 1818), S. 195, 200, 284 etc. Auch Don Vicente de la Fuente, *Historia eclesiástica de España,* 2. Ausg. V (Madrid, 1874), S. 235-237, geht hart mit ihm ins Gericht.

56 *España Sagrada* XXXIX (Madrid, 1795), S. 118.

57 In dem seltsamen Buch von Carlo d'Addosio, *Bestie delinquenti* (Neapel, 1892), S. 359-364, werden 144 Prozesse erwähnt, die zwischen 824 und 1845 in Frankreich, Italien und anderen Ländern gegen Tiere geführt wurden. Unter den Angeklagten finden sich auch Mäuse, wenngleich die Schweine am stärksten betroffen waren. Die weltlichen Exekutionen werden eindeutig von diesen religiösen Prozessen getrennt. Die Verfahren orientieren sich in ihrer Mehrheit an der Exkommunikation der Heuschrecken, die um das Jahr 866 die römischen Felder verwüsteten (Addosio, *a.a.O.*, S. 114-115).

58 Im *Dictamen* selbst heißt es über diese Instruktionen von 1561, daß sie »aufgrund der ihm zustehenden Gewalt und ohne Mitwirkung des Cortes, des Königs oder des Papstes verfaßt worden wären«. *Discusión del proyecto de decreto sobre el Tribunal de la Inquisición* (Cádiz, 1813), S. 26.

59 Llorente, *Histoire critique* II (Paris, 1817), S. 296-334, Kap. XXII.

60 Simancas, *a.a.O.*, S. 155, a.

61 Julio Caro Baroja, *Los judíos en la España moderna y contemporánea* II (Madrid, 1962), S. 403-408. Nicolás Antonio, *Bibliotheca Hispana Nova* II, S. 31, schreibt über dieses Buch:

»Virum, praetar exactam juris cognitionem, politices aeque gnarum ecclesiasticae historiaque, ac multiplici eruditione perornatum, gravique ac emendato dicendi genere...«

62 Simancas, *a.a.O.*, S. 172, a-b, 176, b.

63 Simancas, *a.a.O.*, S. 167, 169, a; 172, b - 173, a; 174, a, Anstoß erregend ist hier der Ausdruck »el Pío«, d.h. »der Fromme«, den er für einen Papst verwendet.

64 Simancas, *a.a.O.*, S. 171, b.

65 Simancas, *a.a.O.*, S. 156, a.

66 Simancas, *a.a.O.*, S. 183, a-b.

67 Simancas, *a.a.O.*, S. 183, a-b.

68 Simancas, *a.a.O.*, S. 189, a-b.

69 Simancas, *a.a.O.*, S. 196, a-b.

70 *Historia de los heterodoxos españoles* V (a.a.O.), S. 7-73, 2. Ausg.

71 Die Angaben zum Prozeß verdanke ich Pater J. Ignacio Tellechea Idígoras.

72 Ignacio Tellechea Idigoras, »Melchor Cano y Bartolomé Carranza. Dos dominicos frente a frente«, in *Hispania Sacra* XV (1952), S. 5-93, beschreibt die Auseinandersetzungen zwischen diesen beiden Männern. Im Prolog zu »Fray Bartolomé Carranza. Documentos históricos« II (»Archivo documental español« XIX, 2) (Madrid, 1963), S. XI, zögert er nicht, die Rolle Canos als »entscheidend und finster« zu beschreiben. Die belastenden Zeugenaussagen, die in diesem Band veröffentlicht werden, belegen die ebenfalls entscheidende Rolle Carranzas bei der Entwicklung des Prozesses. S. Register, S. 1018, b, o.Z.

73 Marcel Bataillon, *Erasme et l'Espagne* (a.a.O.), S. 754-758, unterstreicht die Bedeutung der Zensur Canos.

74 Simancas, *a.a.O.*, S. 159, a: »...er sagte mir, daß er gut und gerne fünfhundert Dukaten darum gebe, den Angeklagten bei der ersten Anhörung zu sehen. Ich entgegnete ihm, Euer Hochwohlgeboren, das wäre verschwendetes Geld für ein so niederträchtiges Antlitz...«.

75 Simancas, *a.a.O.*, S. 189, b - 205, a (das gesamte Buch III).

76 Es sei darauf hingewiesen, daß einige dieser Normen seinen eigenen Schriften entnommen wurden.

77 *Memorias*, Buch II, Kap. VII (*Memorial histórico español* VII) (Madrid, 1854), S. 272-273.

78 *Memorias*, Buch V, Kap. II (a.a.O., S. 429-4319.

79 *Memorias*, Buch III, Kap. IX (a.a.O., S. 279-281).

80 Montes de Porres, *a.a.O.*, S. 423, b.

81 Montes de Porres, *a.a.O.*, S. 423, b - 429, a.

82 G. Suarez de Paz, *Praxis ecclesiastica, et saecularis*... (Madrid, 1790), S. 241, b (Teil I, V, Abschnitt XII, Nr. 68).

83 Suarez de Paz, *a.a.O.*, S. 242, b (Teil I, V, Abschnitt XII, Nr. 72).

84 Carena, *a.a.O.*, S. 342, b - 343, b (Teil III, Kap. V, Abschnitt I); Montes de Porres, *a.a.O.*, S. 438, b (Nr. 199).

85 Carena, *a.a.O.*, S. 344, a - 350, b (Teil III, Kap. V, Abschn. II-XIII); Montes de Porres, *a.a.O.*, S. 439, a (Nr. 201-202).

86 Carena, *a.a.O.*, S. 347, a (Teil III, Kap. V, Abschn. X).

87 *Consejo de la Suprema Inquisición. Catálogo de las informaciones genealógicas de los pretendientes a cargos del Santo Oficio* (Valladolid, 1928), S. 49, a.

88 Der zit. Katalog, S. 379, b.

89 Julio Caro Baroja, *Las brujas y su mundo* (Madrid, 1961), S. 247-258 (Bericht über den Prozeß), 263-270 (Vorgehen Salazar y Frías').

90 Vgl. das Manuskript 2031 der Biblioteca Nacional de Madrid, Blatt 129-132, *Anuario de Eusko Folklore* XIII (1933), S. 115-130.

91 Juan Valera, »Del influjo de la Inquisición y del fanatismo religioso en la decadencia de la literatura española«, in *Disertaciones y juicios literarios* I (Sevilla, 1882), S. 225.

92 Marcel Bataillon, *Erasme et l'Espagne* (a.a.O.), S. 479-480, 482, 507 etc.

93 Die Briefe des Erzbischofs wurden von Manuel Serrano y Sanz, »Juan de Vergara y la Inquisición de Toledo«, in: *Revista de archivos, bibliotecas y museos,* 3. Folge, Jahr VI, 1902, S. 34-35 und, vor allem 471-472, veröffentlicht.

94 Andres Muriel, *Historia de Carlos IV* IV (*Memorial histórico español* XXXII) (Madrid, 1894) S. 153-156.

95 *Discusión del proyecto de decrecto sobre el Tribunal de la Inquisición* (Cádiz, 1813), S. 368.

96 *Discusión*, a.a.O., S. 444.

97 Es handelte sich um das Kloster Sopetrán. Abad starb 1806. In seinem sechsten »Diario«

(1795-1796) schreibt Jovellanos, daß er gestürzt wurde, weil er sich Godoys Willen widersetzte, den »Alten« (den Grafen von Aranda) gerichtlich zu verfolgen: *Obras*... III, B.A.E. (Forts.), LXXXV, S. 292, b. Fernández de Navarrete bestätigt in seinem Nachruf die Aussagen Llorentes aus dessen autobiographischen Aufzeichnungen. Die Absicht Abads, die Arbeiten Jovellanos' und das Vorgehen des Justizministeriums gegen diesen und gegen Llorente gehören zu den dunkelsten Episoden dieser Epoche.

98 *Ars Hispaniae. Historia Universal del Arte Hispánico, vol. XVII. Parte primera. Escultura y pintura del siglo XVIII. Parte segunda. Francisco de Goya* (Madrid, 1965), S. 379 und Abb. 359 (S. 378).

99 Bestätigt wird dies unter anderem von Antonio Puigblanch, *Opúsculos gramático-satíricos*... I (London, 1828), S. 189-190. Er beschreibt Llorentes wichtigste Handlungen in *Noticia bibliográfica, o memorias, para la historia de su vida* (Paris, 1818). In diesem Werk findet sich auch ein Bildnis Llorentes. Als jener starb, widmete sein Landsmann Martín Fernández de Navarrete ihm einen kurzen Nachruf, in dem er ihn in den höchsten Tönen lobte. Ich besitze eine Kopie dieses Nachrufs in einem Buch mit dem Titel *Papeles varios manuscritos*, das von einem Nachfahren Don Martíns zusammengestellt wurde (Nr. 20, S. 13 ff.). Das Bild, das der ehemalige Direktor der Real Academia de la Historia entwirft ist alles andere als düster, womit er ganz im Gegensatz zur Meinung eines weiteren Direktors dieses Instituts, Menéndez Pelayo, steht.

100 Clausel de Coussergues ist auch Autor eines Büchleins mit dem Titel *Quelques considérations sur la révolution d'Espagne et sur l'intervention de la France* (Paris, 1823). Natürlich rechtfertigt er darin seinen Angriff.

101 *Lettre a M. Clausel de Coussergues sur l'Inquisition d'Espagne* (Paris, 1817).

102 In *An historical review of the Spanish Revolution, including some account of religion, manners and literature in Spain* (London, 1822), S. 397-420 äußert sich Edward Blanquiere sehr lobend über Llorente. Trotz dessen Verbundenheit mit Frankreich stimmen auch andere englische Autoren jener Zeit darin mit ihm überein.

103 Eine Biographie Llorentes, verfaßt von Rové, wird lediglich im Ergänzungsband zu der *Biographie universelle, ancienne et moderne* der Brüder Michaud, LXXII (Paris, 1843), S. 47, b - 54, b, angeführt. Die in der *Nouvelle biographie générale* von Didot-Hoefer, XXXI (Paris, 1883), Nr. 403-407, enthaltene Biographie hält sich sehr eng an diese.

104 Siehe z. B. seine Lebensbeschreibung bei Carlos le Brun, *Retratos políticos de la revolución de España* (Philadelphia, 1826), S. 314-316.

105 Siehe dessen Buch *La Inquisición* (Madrid, 1877, S. 308-312).

106 *Le livre noir de messieurs Delavau et Franchet*... III, 2. Ausg. (Paris, o. J.), S. 153.

107 *Le livre noir*..., a.a.O., III, S. 153-154.

108 *Le livre noir*..., a.a.O., III, S. 154-155.

109 *Conversaciones entre Cándido y Prudencio sobre el estado actual de España. Las publica su redactor, don Juan Antonio Llorente* (Madrid, 1820), S. 14-20. Auf den Seiten 19-20 lesen wir: »Die Ausländer, die seit Ende März in Spanien eintreffen und sich mit dieser Art von Geschäften befassen, sind heimlich und mit größter Wachsamkeit auszuspionieren, damit die vorgenannten Fragen beantwortet werden können. Falls sie Umgang mit Spaniern pflegen, deren Ansichten oder individuelle Interessen im Gegensatz zur neuen verfassungsmäßigen Ordnung stehen, so verstärkt dies nur den Verdacht gegen die Ausländer...«. Bei seinen Freunden genoß er jedoch den Ruf eines rechtschaffenen Mannes. »Seine Liebe zur Wahrheit, seine Ehrlichkeit und jene Offenherzigkeit, mit der er die Absichten anderer mit der Reinheit seiner eigenen Absichten beurteilte, bereiteten ihm in seinem Leben manchen Verdruß, den er mit beneidenswerter Demut ertrug, und brachte ihm manche Verfolgung ein, die er als wahre Ruhmestitel ansah. Die Menschen der Vergangenheit kannte er besser als seine Zeitgenossen, und seine Feinde, die nichts weiter als Feinde seiner Berühmtheit und seiner ehrlichen Ansichten waren, nutzten nicht wenige Male seine unschuldige Offenheit aus, um ihm Schaden zuzufügen. Sie vermochten nie, ihn einzuschüchtern oder zum Schweigen zu bringen, wenngleich es ihnen letztendlich gelang, seinen Tod zu beschleunigen, indem sie ihn eine Reise unternehmen ließen, deren Beschwerlichkeit seine Kräfte überstieg. Die Feinde der Wahrheit haben es erreicht, einen ihrer hartnäckigsten Verteidiger aus dem Weg zu räumen. Die Wahrheit selbst jedoch ist unsterblich und wird alle die überleben, die versuchen, sie zu zerstören.« So endet Martín Fernández de Navarras Nachruf (a.a.O., Nr. 20, S. 12-13).

110 Andres Muriel, *Historia de Carlos IV* III (*Memorial histórico español* XXXI) (Madrid, 1894), S. 191-193.

111 In seinem sechsten »Diario« (1795-1796) nennt Jovellanos diesen Kardinal einen Dummkopf (*Obras*... III, B.A.E. (Forts), LXXXV, S. 316, b). Während seiner Zeit als Inquisitor fürchtete er Ermittlungen gegen das von ihm in Gijón gegründete Institut (*a.a.O.*, S. 321, b und 322, a).
112 Emilio Cotarelo, *Iriarte y su época* (Madrid, 1897), S. 188-189.
113 J. A. Llorente, *Histoire critique de l'Inquisition d'Espagne*, IV (Paris, 1818), S. 123-132 (Kap. XLIII, Art. IV).
114 »El abate Marchena«, in *Estudios y discursos de crítica histórica y literaria*, IV (Santander, 1942), S. 168. Dort nennt er ihn »einen Mann von ausgesprochen tolerantem und latitudinarischem Charakter, der sogar der Komplizenschaft mit den neuen Ideen beschuldigt wurde.«
115 »Er übersandte dem spanischen Großinquisitor einen Brief, in dem er ihm wegen seiner Tätigkeit Vorhaltungen machte. Seine Aktivitäten hätten dazu geführt, daß sich auf der Halbinsel, die neben unserer Zerrissenheit ein friedfertiges Bild abgibt, eine Unzahl von Schriften gegen den Heiligen Stuhl ausbreiteten.« Dies lesen wir in der Biographie Grégoires, im Ergänzungsband zur *Biographie universelle ancienne et moderne* von Michaud, LXVI (Paris, 1839), S. 75, b. In seinen Memoiren erwähnt General Thiébault, daß, als er das militärische Kommando übernahm, der Inquisitor Arce, an den Grégoire sein Schreiben gerichtet hatte, Erzbischof von Burgos war. *Mémoires du général Bon. Thiébault*, IV (Paris, 1896), S. 306-307. Das ist unwahrscheinlich, es steht jedoch fest, daß der Brief ins Spanische übersetzt wurde.
116 *Cuenta dada de su vida política por Don Manuel Godoy, Príncipe de la Paz*, II (Madrid, 1836), S. 286. Die Ode gegen den Fanatismus läßt sich vollständig nachlesen in B.A.E., LXIII, S. 235, a - 236, a. Auf den Seiten 284-285 nimmt Godoy auf sie Bezug. Die Ode stammt aus dem Jahr 1797. Wenig später verfaßte Menéndez anläßlich des Friedens das Gedicht, von dem hier ein Fragment wiedergegeben wird: Epistel I, *a.a.O.*, S. 200, a.
117 *Cuenta dada de su vida política por Don Manuel Godoy, Príncipe de la Paz*, III (Madrid, 1836), S. 168-172 (Teil II, Kap. VIII).
118 J. A. Llorente, *Histoire critique de l'Inquisition d'Espagne*, IV (Paris, 1818), S. 96-104 und die folgenden Abschnitte bis S. 132.
119 *Journal de campagne d'un cousin de l'Impératrice (1806-1813) par Maurice de Tascher* (Paris, 1933), S. 78: »Die Inquisition ist nichts als ein Schreckgespenst, das heute vielleicht eher nützlich als gefährlich ist.«
120 Tascher, *a.a.O.*, S. 70 und 143.
121 Die Rede ist von Pater Santander. Die Geschichte der Feindschaften zwischen den Kirchenmännern dieser und der unmittelbar darauf folgenden Epoche würde Stoff für ein ganzes Buch liefern. Dieses könnte vielleicht über verallgemeinernde Feststellungen hinausgehen und die wahren Gründe für die Konflikte und sogar bürgerkriegsähnlichen Zustände erklären. Eine Rolle spielte sicher die unwahre Behauptung, daß alle Liberale und alle französisch Gesonnenen, die keine Theologen waren (und es ja auch nicht sein mußten!), Jansenisten, Ketzer oder Ungläubige seien...
122 Vicente de la Fuente, *Historia eclesiástica de España*, III (Barcelona, 1855), S. 465. Er wiederholt dies auch in der 2. Ausgabe, VI (Madrid, 1875), S. 183.
123 *Historia de los heterodoxos españoles*, VI (Madrid, 1930), S. 218.
124 *Memorias de D. Antonio Alcalá Galiano, publicadas por su hijo*, I (Madrid, 1886), S. 130.
125 Antonio Alcalá Galiano, *Recuerdos de un anciano* (Madrid, 1878), S. 78-79.
126 *Discusión del proyecto de decreto sobre el Tribunal de la Inquisición* (Cádiz, 1813), S. 48.
127 *Historia eclesiástica de España*, III, S. 382 der ersten Ausgabe; VI, S. 183 in der zweiten Ausgabe.
128 *Discusión*, a.a.O., S. 369.
129 *Discusión*, a.a.O., S. 347.
130 Marques de Villa Urrutia, »El rey José Napoleón«, in *Revista de Archivos, Bibliotecas y Museos*, 3. Folge, XXIV (1911), S. 281.
131 A. Paz y Melia, *Papeles de la Inquisición. Catálogo y extractos*, 2. Ausg. herausgegeben von Ramón Paz (Madrid, 1947), S. 197-206. Bei der Zusammenfassung eines Prozesses mit dem Titel »Das Freimaurertum in Almagro, 1916«, der unter der Nummer 536 verzeichnet ist, wird dieser Umstand kurz angemerkt (S. 199-200). Das jedoch wichtigste Dokument trägt die Signatur »Leg° 4.499, núm. 20«. Es handelt sich um eine Zeugenaussage, die auf Blatt 101 beginnt und am 28. September 1815 in Almagro aufgenommen wurde. Die Aussage wurde von einem gewissen Fernando Cañizares, dreiundvierzig Jahre alt, Priester, wohnhaft und geboren in der genannten Stadt, vor dem Bruder Hipólito Granados de la Santísima Trinidad gemacht und bezog sich auf Personen, die er aufgrund der Informationen, die er als Kommandant im Kleinkrieg gegen

Napoleon gesammelt hatte, für mögliche Freimaurer hielt. Es handelt sich hierbei um nicht weniger als 114 Männer, angefangen bei Diego Muñoz Torrero (Blatt 103) und im weiteren eine Vielzahl von Männern der Cortes zu Cádiz. Dann folgen Männer, die aufgrund verschiedener Umstände als »Afrancesados«, d.h. als Anhänger Joseph Bonapartes anzusehen sind. Und schließlich wird unter der Nummer 112 »der frühere Patriarca de las Indias und Erzbischof von Saragossa, Don Ramón de Arce« erwähnt (Blatt 105). Es überrascht nicht, daß unter den Nummern 109 und 110 (Blatt 105) »zwei dominikanische Brüder (mit Namen Estala), wohnhaft in Daymiel« und »der ehemalige Mönch Estala, ein Bruder der Vorgenannten und Pfründer eines nicht bekannten Ortes, wohnhaft in der erwähnten Stadt« aufgeführt werden. Erstaunlich ist dagegen angesichts seiner späteren Aktivitäten, daß unter der Nummer 73 (Blatt 104) von »Don Juan Bautista Erro, Verwaltungsbeamter, der aus Ciudad Real stammt und in Madrid wohnt«, die Rede ist. Cañizares begründet seine Anzeige ausführlich. Die Aussagen zu Arce, dessen Tätigkeit als Inquisitor nie erwähnt wird, finden sich auf Blatt 130 f.: »Dem geäußerten Verdacht (Nr. 112 bis 114 einschließlich) liegen folgende Umstände zugrunde: hinsichtlich des ehemaligen Patriarca de las Indias, dem Erzbischof von Saragossa, Ramón de Arce (Nr. 112), die enge Freundschaft und Gesinnungsverwandtschaft mit dem niederträchtigen Godoy, die Unterstützung der Ideen Napoleons und seiner ruchlosen Partei, in deren Gunst er bereits vor der feindlichen Invasion stand und die er auch später nicht verlor und sicher bis zum heutigen Tag bewahrt; darüber hinaus sein Verhalten während der katastrophalen Regierungszeit Godoys, das den Anstoß aller, die davon Kenntnis nahmen, erregte; seine wiederholte Flucht und darauffolgende Rückkehr mit den Franzosen; seine aktiven und energischen Bemühungen, die Besteigung des spanischen Thrones durch den legitimen Souverän Ferdinand VII. zu behindern und diesen Thron seinem geliebten Pseudo-König Joseph zu verschaffen; seine Aktivitäten zugunsten Josephs sind fast in ganz Europa bekannt; all diese Taten des genannten Arce konnten nur durchgeführt und heute erklärt werden, da er Mitglied der Freimaurer ist, mit denen er enge Freundschaften und beständigen Kontakt unterhält und unterhielt. Und schließlich versichert der Zeuge, nachdem er seine Aussagen begründet hat, daß Arce ein wirklicher Freimaurer sei. Dies sei um so sicherer, wenn das stimme, was man in der Stadt über ihn sage, nämlich, daß er jeden Monat 40 000 Realen nach Paris mitnehme, die ihm seine Freundin, die Marquise von Mejorada zukommen läßt. Diese hält sich gegenwärtig hier auf, wohin sie gerechterweise von unserem Souverän, den Gott leiten möge, verbannt wurde«.

132 Marques de Villa-Urrutia, *Las mujeres de Fernando VII*, 2. Ausg. (Madrid, 1925), S. 33.

133 La Forest war Botschafter Frankreichs in Spanien. Die Nachrichten, die in seinen Amtszimmern zusammenliefen, waren von äußerster Wichtigkeit für die Entwicklung der Vorgänge jener Epoche.

134 Conde de Toreno, *Historia del levantamiento, guerra y revolución de España* I (Paris, 1836), S. 276 (Buch VI). Eine kurze Biographie des Erzbischofs Arce befindet sich in *España Sagrada* LI (Madrid, 1879). Dieser Band enthält darüber hinaus eine Abhandlung über spanische Titularbischöfe *in partibus infidelium*; es handelt sich um ein posthumes Werk von Carlos Ramon Fort, vollendet durch Vicente de la Fuente, S. 16-17 (Nr. 28). Nach dieser Biographie emigrierte Arce 1813 und verzichtete 1816 auf das Erzbistum von Saragossa. Daraufhin gewährte ihm der Heilige Stuhl den Titel eines Erzbischofs *in partibus* von Amida, mit einer Pension auf die Mitra von Saragossa. Die Biographie erwähnt auch Arces Leben in der Verbannung. Laut Miñano genoß er in Paris den Respekt und die Verehrung derer, die Gelegenheit hatten, »seine Tugenden und seine christliche Eignung in den Tätigkeiten und den Widrigkeiten des Lebens« zu bewundern. 1844 wird als Jahr seines Todes genannt. Des weiteren enthält der Band auch die Biographien des erwähnten Pater Santander, seines Weihbischofs Fray Miguel Suárez (S. 17-20, Nr. 29) und die von Fray Manuel Abad y La Sierra (S. 263, Nr. 420), auf die unser Text ebenfalls Bezug nimmt.

135 Conde de Toreno, *a.a.O.*, I, S. 160-161 (Buch IV).

136 Conde de Toreno, *a.a.O.*, I, S. 164.

137 Conde de Toreno, *a.a.O.*, I, S. 308 (Buch VI).

138 *Discusión*, a.a.O., S. 49.

139 Der Vicomte de Martignac widmet in seinem *Essai historique sur la révolution d'Espagne et sur l'intervention de 1823*, I (Paris, 1832), S. 141-142, der Inquisition von 1814 einige Zeilen, die die Meinung eines Mannes der äußersten französischen Rechten widerspiegeln und nur verächtliche Bemerkungen enthalten.

140 *Historia de la vida y reinado de Fernando VII de España*, II (Madrid, 1842), S. 60-61: das Wiedereinsetzungsdekret (vom 21. Juli 1814) findet sich auf den Seiten 386, a - 387, a.

141 *Historia,* a.a.O. II, S. 91 und 388, a-b.
142 *Historia,* a.a.O. II, S. 91 und 388, b - 389, a.
143 *Historia,* a.a.O. II, S. 166.
144 *Historia,* a.a.O. III (Madrid, 1842), S. 193.
145 *Historia,* a.a.O. III, S. 207-208.
146 *Historia,* a.a.O. III, S. 209-211.
147 *Historia,* a.a.O. III, S. 294-296.
148 Ortiz de la Torre, *a.a.O.*, Abb. 58.
149 Julio Somoza veröffentlichte diesen Bericht in *Jovellanos. Nuevos datos para su biografía* (Havanna-Madrid, 1885), S. 39-41. Er entnahm ihn einem gestrichenen Kapitel der Biographie von Ceán.
150 »Canción patriótica de trágala, trágala, perro, cantada por el General Riego en el coliseo de la Cruz, de esta muy heroica Villa« (Madrid, Viuda de Aznar, 1820), nachgedruckt von M. Flores Calderon, »La sala de varios de la Biblioteca Nacional, III« in *Revista de Archivos, Bibliotecas y Museos,* 3. Folge, VI (1902), S. 181.
151 *Discusión del proyecto de decreto sobre el Tribunal de la Inquisición* (Cádiz, 1813), S. 231.
152 J. F. Bourgoing, *Tableau d'Espagne moderne,* 3. Ausg., I (Paris, 1803), S. 366.
153 Bourgoing, *a.a.O.*, I, S. 381.
154 In Wirklichkeit befanden sich die Zeichnungen, die auf das begangene Delikt hinwiesen, auf der Büßermütze und dem Gewand der Verurteilten, denen die Strafe nicht erlassen werden würde.
155 Bourgoing, *a.a.O.*, I, S. 384. Der Bericht, der hier auszugsweise wiedergegeben wird, findet sich auf den Seiten 381-385.

Kapitel 2

1 Teil II, Canto XXXVI (B.A.E., XVII, S. 133, G).
2 Als Referenz führe ich die in den nachfolgenden Anmerkungen zitierten Artikel an, da ich den Text von Scott nicht zur Hand habe.
3 Maxime Leroy hat in einer Anmerkung zu dieser Kritik Sainte Beuves – noch dazu in der Pleyade-Ausgabe (1949) – geschrieben, daß es sich bei Lope um »einen spanischen Historiker und Theologen, berühmt wegen seiner Leichtgläubigkeit« handle. Ich habe dies im *Boletín de la Real Sociedad Vascongada de los Amigos del País,* XIII (1957), S. 491, nachgelesen.
4 *Boletín de la Real Sociedad Vascongada...*, XV (1959), S. 353, 355.
5 Er wird weder im alten *Larousse* noch in dessen mehr oder weniger verkürzten Folgeausgaben erwähnt.
6 Justo Garate, »Cómo ven los vascos a Lope de Aguirre« im *Boletín Americano de Estudios Vascos,* Nr. 14, 16, 17 und 20 (1953-1955); diese Abhandlung kommentiert der Aufsatz eines anonymen Autors »Los escritores vascos y Lope de Aguirre« in *Lope de Aguirre descuartizado* (San Sebastián, 1963), S. 231-239.
7 Francisco Vázquez, *Jornada de Omagua y Dorado (Historia de Lope de Aguirre, sus crímenes y locuras),* (Buenos Aires, 1944), S. 483, a: »Er war Biskayer *und stammte, wie er selbst sagte, aus Oñate,* in der Provinz Guipúzcoa«. In seinem berühmten Brief an den König erklärt er nur, daß er »Edelmann sei, geboren als Baske im Königreich Spanien, *wohnhaft* in Oñate«; Emiliano Jos, *La expedición de Ursúa al Dorado, la rebelión de Lope de Aguirre y el itinerario de los »marañones«, según los documentos del archivo de Indias y varios manuscritos inéditos por E... J... Extracto de su tesis agradeciada con el premio extraordinario del doctorado en la Facultad de F. y L. (Sección de Historia), prólogo de D. Augustín Millares Carlo, catedrático de la Universidad Central* (Huesca, 1927); dieses Buch wird von nun an als Jos, 1 bezeichnet; S. 196. Vázquez, S. 469, b.
8 »...dieser gottlose Tyrann war ein Baske, der aus dem Dorf Oñate stammte«, heißt es im Bericht des anonymen Autors, der in Jos, 1, S. 250, veröffentlicht wird. Bei zahlreichen anderen Gelegenheiten ist davon die Rede, daß er Biskayer ist. Vgl. hierzu Emiliano Jos, *Ciencia y osadía sobre Lope de Aguirre el peregrino. Con documentas ineditos, Sevilla 1950, S. 103;* dieses Buch wird von nun an als Jos, 2 bezeichnet.
9 Über die bewegte Geschichte Oñates im Mittelalter finden sich zahlreiche, sehr genaue Informationen im entsprechenden Artikel des *Diccionario geográfico-histórico de España, por*

la Real Academia de la Historia, Abschnitt I, 1 (Madrid, 1802), S. 185, b - 186, b. Dort läßt sich nachlesen, daß Oñate noch 1719 den Sonderstatus gegenüber der Bruderschaft von Alava und dem Bezirk Guipúzcoa besaß. Nähere Einzelheiten über die bewegte Geschichte der Gegend und die Beziehungen ihrer Bewohner zum Grafen sind im umfangreichen Werk von Ignacio Zumalde *Historia de Oñate* (San Sebastián, 1957) nachzulesen, in dem sich auf den Seiten 649-650 ebenfalls eine Kurzbiographie Lopes findet.

10 Ignacio Zumalde, »Lope de Aguirre, oñatiarra universal«, in *Lope de Aguirre, descuartizado,* (San Sebastián, 1963), S. 65-70.

11 Zumalde, *Lope de Aguirre, etc., a.a.O.*, S. 66 und *Historia de Oñate,* S. 131. Lope de Aguirre, vierundzwanzig Jahre alt, Speisemeister und Fußlakai des Grafen von Oñate, im Jahr 1510. Um 1515 lebt ein Lope de Aguirre auf der Insel Teneriffa, ein Fachmann auf dem Gebiet der Säge- und Tischlerarbeiten und auch des Wasserbaus, denn er hatte verschiedene Kanäle für Wasserleitungen gebaut. *Fontes rerum canararium XIII. Acuerdos del Cabildo de Tenerife,* Band III, 1514-1518. *Edición y estudio de Elías Serra Rafols y Leopoldo de la Rosa* (La Laguna, 1965), S. 69 (17. Februar 1515, Nr. 61), 90 (15. Juni, Nr. 82), 121 (7. August, Nr. 94), 123-124 (19. August, Nr. 95), 125 (20. August, Nr. 95), 127-128 (27. August, Nr. 96), 129 (29. August, Nr. 96), 130-131 (2. September, Nr. 98).

12 Zweiter Teil, Buch II, Kap. XII: *Crónicas del Perú* I, B.A.E. (Forts.), CLXIV, S. 309, a.

13 Jos, 1, S. 43.

14 Demetrio Ramos, »Lope de Aguirre en Cartagena de Indias y su primera rebelión«, in *Revista de Indias,* Nr. 73-74 (1958), S. 511-540.

15 Jos, 2, S. 9.

16 Zumalde, *Lope de Aguirre,* etc., a.a.O., S. 67-70.

17 Interessierte seien auf ein Buch von Emilio Cotarelo verwiesen: *Diccionario biográfico y bibliográfico de calígrafos españoles,* 2 Bände (Madrid, 1914-1916). Jos. 2, S. 41-43 behandelt die *graphologischen* Untersuchungen der Handschrift Aguirres durch Lastres und Seguin.

18 Dies ist nachzulesen in der *Historia del búho gallego con las demás aves de España,* die aus der Zeit Philipps III. stammt, gedruckt wurde und in zahlreichen Abschriften vorliegt. Sie wurde zusammen mit anderen antibaskischen Pamphleten gegen Ende des zweiten Bürgerkriegs veröffentlicht: *Castellanos y vascongados* (Madrid, 1876).

19 Alonso de Castillo Solorzano, »Tardes entretenidas«, eine Sammlung von Emilio Cotarelo, erschienen in *Colección selecta de antiguas novelas españolas,* IX (Madrid, 1908), S. 161-162. Bei dem Biskayer handelt es sich um einen gewissen Cortabarría (S. 164).

20 Hrsg. von Emilio Cotarelo, in *Colección selecta de antiguas novelas españolas,* X (Madrid, 1909), S. 347-348. Der »Biskayer« hieß Arizpe, was eher navarresisch oder baskisch-französisch klingt.

21 Fray Reginaldo de Lizarraga, *Descripción breve de toda la tierra del Perú, Tucumán, Río de la Plata y Chile,* Buch II, Kap. XVII, S. 588, a.

22 Gemeint ist ein Einmarsch in Chachapoyas.

23 Lizarraga, Buch II, Kap. XVII, S. 586, a.

24 Teil I, Kap. VIII-IX.

25 Gachard, *Relations des ambassadeurs vénitiens...* (Brüssel, 1856), zitiert von Rodríguez, Marín, in seiner Ausgabe des *Quijote,* I (Madrid, 1927), S. 274-275, Anmerkung.

26 M. Herrero Garcia, *Ideas de los español del siglo XVII,* 2. Aufl. (Madrid, 1966), S. 249-275.

27 Es ist allgemein bekannt, daß es in den Sammlungen humoristischer Erzählungen von Melchor de Santa Cruz und Francisco Asensio, die nach Themen unterteilt sind, einen Abschnitt von Geschichten über die Biskayer gibt. Sie betonen alle deren Einfachheit oder mangelndes Ausdrucksvermögen im Spanischen. (*Floresta española de apotegmas* I (Madrid, 1790), S. 181-193 (fünfter Teil, Kap. I); II, S. 140-144 (Klasse IV, Kap. I); III; S. 116-118 (Klasse IV, Kap. I)).

28 Vázquez, S. 483, a. Der Text von Fray Pedro de Aguado, *Historia de Venezuela,* vollendet allem Anschein nach im Jahr 1581, in der Ausgabe von Jerónimo Bécker, 2 Bände (Madrid, 1950) II, S. 517 (Buch X, Kap. XCII) scheint verfälscht zu sein (»hera de agudo y bio ynjenio para en (?) hombre de letras«), es sei denn, er bedeutet, daß sein Geist eher dem eines Gelehrten als dem eines Soldaten glich.

29 Jos, 1, S. 198; Vázquez, S. 470, b.

30 Jos, 1, S. 197; Vázquez, S. 470, a.

31 Jos, 1. S. 198; Vázquez, S. 471, a, schreibt »superbia«.

32 Jos, 1, S. 200; Vázquez, S. 472, a.

33 Im Bericht von Hernández, Jos, 1, S. 233.
34 Kam er vielleicht aus einer Familie von Bediensteten des Grafen von Oñate, die mit Verachtung auf die übrigen dem Grafen feindlich gesonnenen Bewohner des Dorfes herabsah?
35 Vázquez, S. 443, a.
36 Vázquez, S. 468, b. Aguado, II, S. 395 (Buch X, Kap. LIX). Er erwähnt eine Rede, in der Aguirre seinen Männern empfiehlt, wie die Römer zu kämpfen.
37 Ortiguera, Kap. XXVI, S. 350.
38 Ortiguera, Kap. LIV, S. 394, a.
39 Vázquez, S. 474, b: Anspielung auf die »Galanes de Meliola« (besser »Meliona«), die sich ebenfalls bei Fray Pedro de Aguado, II, S. 479 (Buch X, Kap. LXXXIII) findet. Siehe hierzu José de Arteche, *Lope de Aguirre, traidor. La tragedia del fuerte Candillo de los invencibles marañones* (San Sebastián, 1951), S. 275.
40 Aristoteles, *Rhet.* III, 2, 15.
41 Ortiguera, Kap. XXIII, S. 345, b und Kap. XL, S. 371, a. Vázquez, S. 448, a, schreibt, daß sich dies auf Monteverde, dem Flamen, bezieht.
42 Vázquez, S. 464, a.
43 Lizarraga, *a.a.O.*, Teil II, Kap. XVII, S. 587, b.
44 Noch sehr spät in seinem Leben vergnügte er sich mit dem Zureiten von Pferden. Vázquez, S. 472, b.
45 Jos, 1, S. 196. Vázquez, S. 469, b.
46 Julio Caro Baroja, »Honor y vergüenza (examen histórico de varios conflictos populares), in *Revista de dialectología y tradiciones populares* XX (1964), vor allem S. 418-420.
47 Lope Garcia de Salazar, *Las bienandanzas e fortunas,* hrsg. von Angel Rodríguez Herrero (Bilbao, 1955), Buch XXII, S. 167. Juan de Padilla, *Los Doze Triumphos de los Doze Apostoles,* Triunfo V, Kap. VII, 10-11: *Cancionero castellano del siglo XV,* I (»Nueva Biblioteca de autores españoles«, XIX), S. 362.
48 Lope Garcia de Salazar, *Las bienandanzas . . .*, S. 81 (Buch XXI), Ascoaga gegen Apioza, in Bermeo, 82 (Buch XXI), über einen gewissen »Diego Pérez de Ligiçamon« usw.
49 Triunfo V, Kap. VII, 10 (siehe Anm. 87).
50 *Crónica de Enrique IV escrita en latín por Alonso de Palencia, traducción castellana por D.A. Paz y Meliá* I (Madrid, 1904), 246 (Dekade 1, Buch IV, Kap. IX).
51 Fausto Arocena, *Problemas históricos guipuzcoanos en la vida de San Ignacio* (San Sebastián, 1956), S. 7-14 (»El abuelo materno de San Ignacio«).
52 Siehe beispielsweise die Erklärung von Martín Sánchez de Marzana, auf gegen die Gemeinde Mondragón gerichtete Aktionen zu verzichten (1410), in *Colección de documentos inéditos para la historia de Guipúzcoa* I (San Sebastián, 1958), S. 17-22.
53 »Memorias« in *Memorial histórico español* VII (Madrid, 1854).
54 Jos, 1, S. 193. Vázquez, S. 458, a.
55 Jos, 1, S. 201-202.
56 Jos, 2, S. 107. Bei anderer Gelegenheit sagt er, »daß der König von Kastilien doch das Testament Adams vorzeigen solle, um zu sehen, ob dieser ihm Amerika hinterlassen habe«. Vázquez, S. 482, b.
57 Guitierre Díez de Games verwendet in *El Victorial, crónica de don Peron Niño, conde de Buelna* (Madrid, 1940), S. 322, 324, und 325 (Kap. XCVII) das Wort »balía« (valía) als gleichbedeutend mit »bando«, wie zum Beispiel im nachfolgenden Text (S. 322): »E que agora Juan Furtado, con acquellos que heran de su balía, que consejauan al rey que dexaxe a la ynfanta doña María . . .«. [Und Juan Furtado und diejenigen, die zu seiner Partei gehörten und dem König rieten, die Infantin Doña María zu verstoßen . . . (AdÜ)]
58 Zu behaupten – wie es dies ein bekanntes Wörterbuch tut –, daß dieses Wort, weil es ein Fremdwort sei, durch ein anderes ersetzt werden kann, zeigt welchen Grad der Unwissenheit hinsichtlich der Essenz der Sprache die Puristen und andere Leute ihres Schlages an den Tag legen. Als ob »senaurri« = Preis gleichbedeutend mit diesem viel allgemeineren »wert« oder »nicht wert« sein könnte! Arteche, S. 211, wies bereits darauf hin, daß die Wendung »Wer nicht mehr wert ist als der andere, ist nichts wert« einer »baskisch gedachten Vorstellung« zu entsprechen scheint.
59 Jos, 1, S. 196-197; Vázquez, S. 469, b.
60 In dem Text, den Serrano y Sanz de Vázquez, S. 469, b, anführt, liest man »desnaturándonos«. Auch im Brief des Fray Francisco de Montesinos (Jos, 1, S. 192; Vázquez, S. 457, b) scheint Lope den Begriff »desnaturar« zu verwenden.

61 Zweites Gesetzbuch Alfons' des Weisen, Kap. XVIII, Gesetz XXXII. *Los códigos español concordados y anotados*... I (Madrid, 1848), S. 452, b - 453, b.
62 Viertes Gesetzbuch, Kap. XXIV, Gesetz V. *Los códigos*... III (Madrid, 1848), S. 530, b - 531, a.
63 Beispielsweise Sebastian de Covarrubia, *Tesoro de la lengua castallena o española*, herausgegeben von Martín de Riquer (Barcelona, 1943), S. 461, a, »desnaturalizarse«. »Desnaturalizar, quitar el derecho de natural y vezino.« Dies ist nur eine Möglichkeit.
64 *Los códigos españoles concordados y anotados*... I (Madrid, 1847), S. 258, a - 259, b.
65 Du Cange, *Glossarium ad scriptores mediae et infimae latinitatis* IV (Paris, 1733), Col. 1151, »naturalesia«.
66 Du Cange, *a.a.O.*, IV, Col. 1152, »naturalitas«, 3.
67 Jos, 1, S. 192; Vázquez, S. 457, b.
68 Jos, 1, S. 200; Vázquez, S. 472, a-b: »... und möge Gott uns gnädig gesonnen sein, damit wir uns mit den Waffen die Belohnung erkämpfen, die man uns schuldet«.
69 »Und deswegen, alles oder nichts«, schreibt er an Montesinos: Jos, 1, S. 193; Vázquez, S. 458, a.
70 Jos, 1, S. 441, b.
71 Jos, 1, S. 236-237.
72 Jos, 1, S. 246.
73 Ortiguera, Kap. XXVIII, S. 352, a-b.
74 Jos, 1, S. 212.
75 Aguado, II, S. 299 (Buch X, Kap. XXXII); Fray Pedro Simon, *Noticias históricas de Venezuela*, 2 Bände (Caracas, 1936), Biblioteca de la Academia Nacional de la Historia), II, S. 341 (sechste Notiz, Kap. XVII, Abschnitt 2).
76 Aguado, II, S. 302 (Buch X, Kap. XXXIII). Auch Aguilar de Córdoba benutzt in *El Marañón*, zweiter Teil, Kap. IV (Jos, 2, S. 99), die Wendung »se desnaturaliçasen de los Reynos de España«.
77 Ramon Menéndez Pidal, *La España del Cid*, 2. Ausg. (Madrid, 1943), S. 186-192. Siehe auch dessen Ausgabe des *Poema de mío Cid* (Madrid, 1913), S. 121.
78 Ramon Menéndez Pidal, *España y su historia* I (Madrid, 1957), S. 492-493.
79 *Poema*..., a.a.O., S. 121 und 146 (S. 306-307).
80 Dies gilt auch für frühere Verbannungen wie die der Söhne des Don Vela.
81 *Los códigos españoles*..., I, S. 258, Anm. 3.
82 *Crónica del rey Don Alfonso Décimo*, Kap. XXVII, in *Crónicas de los reyes de Castilla*, I, B.A.E., LXVI, S. 23, b. Nähere Umstände s. Kap. VIII (S. 7, a - 8, a), XVI (S. 11, b - 12, a), XX (S. 15, b - 17, a), XXI (S. 17, a-b), XXIII, XXVI (S. 19, b - 23, a).
83 Die beiden ersten Briefe an seinen Bruder, den Infanten Don Felipe, den Anführer der anderen: a.a.O., Kap. XXVIII-XXIX (S. 24, a - 25, a). Danach folgen die Briefe an Don Nuño (Kap. XXX, S. 25, a - 26, b), an Don Lope Díaz, Herr der Biskaya (Kap. XXXI, S. 26, b - 27, b), an Don Fernando Ruiz de Castro (Kap. XXXIII, S. 27, b - 28, a) etc.
84 *A.a.O.*, Kap. XXVII, S. 29, b.
85 *A.a.O.*, Kap. XLIII, S. 32, a - 33, b.
86 Zum Beispiel in dem Brief des Königs an den Herrn der Biskaya, der sich für »enterbt« hielt, weil der König Kastilien und León ihre Rechte entzogen hatte. *A.a.O.*, Kap. XXXI, S. 26, b.
87 *A.a.O.*, Kap. LXXVI, S. 61, a.
88 *Corónica del muy alto et muy católico rey Don Alfonso el Onceno*, Kap. CXXXI, in *Crónicas de los reyes de Castilla* I, a.a.O., S. 260, b: »Und am Samstag, am Vorabend des Osterfestes, als er gerade von der Kirche zurückkehrte, traf ein Mann von Juan Nuñez ein, mit einem Brief dieses Herrn, in dem er ihn bat, das zu glauben, was er ihm darin schreibe. Und nachdem der König den Brief gelesen hatte, sagte dieser Mann dem König, daß Don Juan Nuñez mitteile, daß er sich von ihm verabschiede und von ihm lossage; und der König sagte, daß zuvor er selbst sich von Don Juan Nuñez lossagen müsse, denn jener hatte bereits Krieg gegen ihn geführt, sein Land angezündet, seine Städte belagert, einige von ihnen angegriffen und mit Gewalt eingenommen und überdies habe er Peñas bravas besiedelt, und wegen all dieser Dinge und manch anderer sei er in eine schlimme Lage geraten. Und da es sicher sei, daß dieser Mann, der als Bote kam, an all diesen Taten des Don Joan Nuñez beteiligt war, ordnete er an, daß man ihm daraufhin die Hände und die Füße abschlagen und ihn enthaupten solle«.
89 Siehe das Buch von Andres Gimenez Soler *Don Juan Manuel. Biografía y estudio crítico* (Saragossa, 1932), S. 79-93 (Kap. IV). Er sagte sich gegen Ende des Jahres 1327 los (S. 86). Kopien der am 16. Dezember 1327 in Murcia verlesenen Briefe Don Manuels und seiner Vasallen an den

König von Granada und den Rat von Murcia, in denen vorgebracht wird, man müsse Alfons XI. bekämpfen, befinden sich auf den Seiten 551-558 (Nr. CCCCL).

90 Im Brief Don Manuels an Pero Martines Calviello, dem ersten der Briefe, die in der vorherigen Anmerkung erwähnt wurden (Gimenez Soler, *a.a.O.*, S. 552), ist zu lesen: »Und wisset, daß ich mich wegen dieses großen Unrechtes, das der König an mir begangen hat, aus seinem Dienst verabschiedet und mich von ihm losgesagt habe. Und so verbrenne ich all sein Land und führe den grausamsten Krieg gegen ihn...« Im Brief an Alfonso Ferrándiz, Komtur von Aledo (S. 554), wird auf dessen »debdo e *naturaleça*« gegenüber dem Infanten verwiesen.

91 *Los códigos españoles*... I, S. 258, a-b. Nach dem Text des Lope García de Salazar, in *Las Bienandanzas e fortunas,* Ausgabe von Angel Rodríguez Herrero, IV (Bilbao, 1967), S. 7 (Buch XX), »entledigte« sich bereits Don Çuria, an der Spitze des Volkes der Biskaya, der Herrschaft Léons: die siegreiche Schlacht gegen die Leoneser wird als »juysio de Dios«, als Gottesurteil angesehen. Nach seinem Sieg, wurde Don Çuria zum Herrn der Biskaya gewählt.

92 Es handelt sich um den Sohn der Doña Urraca und des Grafen Raimund von Burgund. Luis de Salazar y Castra verweist in seiner Studie über die ersten Herren der Biskaya darauf, daß die Souveränität und die Unabhängigkeit des Territoriums nicht im Widerspruch zu der persönlichen Abhängigkeit dieser Herren von den Königen Navarras oder eines anderen alten Königreiches stand, dem sie in wichtigen Funktionen dienten und das ihnen viele Privilegien und Ländereien gewährte. *Historia genealógica de la casa de Haro,* I (Madrid, 1920), S. 2-4, 28-29 etc.

93 *Los códigos españoles*... I, S. 258, a-b, Anm. 5 bezüglich Henao. Gregorio de Balparda, *Historia crítica de Vizcaya y de sus fueros,* II (Bilbao, 1933-1934), S. 305, weist darauf hin, daß dieser Diego López I. 1093 zum Herrn der Biskaya wurde. Laut Balparda (*a.a.O.*, II, S. 308) wurde er im Jahr 1113 ersetzt. Offenbar war hierfür Kaiser Alfons verantwortlich.

94 Balparda, *a.a.O.*, II, S. 313.

95 Balparda, *a.a.O.*, II, S. 352.

96 Balparda, *a.a.O.*, II, S. 396, bezieht sich auf Lope García de Salazar, *Bienandanzas*... (*a.a.O.*, S. 21-22, Buch XX).

97 Laut Balparda, *a.a.O.*, II, S. 420, in *De Rebus Hisp.*, Buch VII, Kap. XXXIII.

98 Hierüber läßt sich Balparda, *a.a.O.*, II, S. 437-440, aus. Er führt wertvolle Daten an, die er aber stets nach recht eigenartigen Maßstäben interpretiert.

99 *Crónica de Fernando IV,* Kap. XIV; *Crónicas,* a.a.O., I, zit. Ausg., S. 144, a-b.

100 *Crónica*..., a.a.O., S. 146, b.

101 Balparda, *a.a.O.*, III (Madrid, 1945), S. 99-122.

102 *Memorial de diversas hazañas, crónica de Enrique IV, ordenada por Mosén Diego de Valera,* hrsg. von Juan de Mata Carriazo (Madrid, 1941), S. 185-186 (Kap. LXI): vergl. hierzu Alonso de Palencia, *Crónica de Enrique IV,* II (Madrid, 1905), S. 393-400 (Dekade II, Buch IV, Kap. V).

103 Diego Fernandez, *Historia del Perú,* erster Teil, Buch II, Kap. XLIX (*Crónicas del Perú,* I, in B.A.E. (Forts), CLXIV, S. 175, b), weist eindeutig darauf hin, daß sich Gonzalo Pizarro entsprechend der furchtbaren Zeremonie der Entthronung, wie sie in Avila stattgefunden hatte, selbst zum König krönen wollte. Diese Handlung wird in einer für den König eingenommenen Weise beschrieben in *Crónica de Enrique IV,* Kap. LXXIV; *Crónica de los reyes de Castilla,* III, B.A.E., LXX, S. 144, a - 145, a (in dieser Ausgabe findet sich auch auf S. 33, a-b, der Text Valeras).

104 Zum Beispiel Jerónimo Bécker im Prolog zum Band II der *Historia de Venezuela* von Fray Pedro de Aguado, S. 10-12, gegenüber Ispízua, der auch die Position der »Marañones« auf »moderne« Weise interpretierte.

105 Viertes Gesetzbuch Alfons des Weisen, Kap. XVIII, Gesetz II: *Los códigos españoles,* a.a.O., III (II von *Las Partidas),* S. 504, b.

106 Siehe Register von *Los códigos españoles*..., a.a.O., III, S. 158, b - 159, a, »traycion« und »traydor«.

107 Jeronimo Osorio, *Da vida e feitos de el rei D. Manuel, II* (Porto, 1944), S. 225-231 (Buch XI), betrachtet diese Handlung bereits nach nationalistischen Kriterien.

108 Luis de Camoes, *Os Lusiadas,* Faksimiledruck der 1. Ausg. von 1572 (Lissabon, 1943), Blatt 184 (Canto X, Str. 1086).

109 Oliveira Martins, »Fernão de Magalhães«, in *Portugal nos mares,* I (Lissabon, 1954), S. 142.

110 Oliveira Martins, *a.a.O.*, I, S. 143.

111 *Las quinquagenas de la nobleza de España por el capitán Gonzalo Fernández de Oviedo y Valdés*..., I (Madrid, 1880), S. 147 (Teil I, Stanze X).

112 *Las quinquagenas*..., a.a.O., S. 41 (Teil I, Stanze III), S. 430-432 (Teil I, Stanze XXXIX).

113 Pedro Mexia, *Historia del emperador Carlos V*, hrsg. von Juan de Mata Carriazo (Madrid, 1945), S. 329 (Buch III, Kap. VIII).
114 Pedro Mexia, *a.a.O.*, S. 464 ff. (Buch IV, Kap. VI).
115 Pascal, *Pensées* (nach der Ausg. von 1670) (Paris, Flammarion, o. J.), S. 204.
116 Vázquez, S. 434, a: Anm. I mit der Variante. Oritugera, Kap. XVIII, S. 338, b.
117 Sebastian de Covarrubias, *Tesoro* ..., zit. Ausg., S. 765, a, s. u. »libertad«.
118 Fernando del Pulgar, *Crónica de los Reyes Católicos*, I, Ausg. von Juan de Mata Carriazo (Madrid, 1943), S. 436 (Kap. CXIX).
119 Fernando del Pulgar, *a.a.O.*, I, S. 437 (Kap. CXIX).
120 Jos, 1, S. 200; Vázquez, S. 471, b - 472, a.
121 Jos, 1, S. 200; Vázquez, S. 472, a.
122 Jos, 1, S. 197; Vázquez, S. 470, a.
123 Jos, 1, S. 198; Vázquez, S. 470, b.
124 Jos, 1, S. 198; Vázquez, S. 471, a.
125 Jos, 1, S. 200; Vázquez, S. 472, a.
126 Jos, 1, S. 200; Vázquez, S. 472, b.
127 Jos, 1, S. 200; Vázquez, S. 472, b.
128 Vázquez, S. 469, a-b.
129 Vázquez, S. 438, a; Ortiguera, Kap. XIX, S. 340, b; Hernández (Jos, 1, S. 233) sagt, daß er mit »Lope de Aguirre por traidor« unterschrieben hat, was auch anders interpretiert werden kann (= Lope de Aguirre, der für einen Verräter gehalten wird).
130 Vázquez, S. 453, a.
131 Ortiguera, Kap. XXXVI, S. 364, b - 365, a: »Dies war sein Beiname«. Siehe auch Kap. XLV, S. 381, b; Kap. XLVIII, S. 387, a; Kap. LIV, S. 399, a.
132 Vázquez, S. 438, a. Ortiguera, Kap. XIX, S. 340, b. Fray Pedro Simon, II, S. 323 (sechste Notiz, Kap. XII, Abschn. 3), läßt ihn vom »ersten Bakkalaureat und kleinen Anwalt« sprechen. Laut Fray Pedro del Aguado, II, S. 273 (Buch X, Kap. XXIV) war nur vom »ersten Bakkalaureat« die Rede.
133 Wie Pedro Cieza de León im *Tercer Libro de las gueras civiles del Perú, el cual se llama la guerra de Quito*, Kap. CLXXXVIII, in *Historiadores de Indias*, II (N.B.A.E., XV), S. 219, b, erzählt, gab es viele, die zunächst über die Wahl La Gascas spotteten.
134 In seiner *Historia de las guerras civiles del Perú*, Buch III, Kap. XLV (*Crónicas del Perú*, III, B.A.E. (Forts.), CLXVI, S. 197, a - 199, b, geht Pedro Gutierrez de Santa Clara detailliert auf die Briefe ein, die Francisco de Carvajal und Pedro de Puelles an Gonzalo Pizarro schrieben, um ihn zu überreden, sich selbst zum König zu ernennen. Außerdem (*a.a.O.*, Buch III, Kap. XLVI, zit. Ausg., S. 199, b - 202, b) erwähnt er die Argumente, die Kirchenmänner und andere Ritter anführten, damit er diesen Rat nicht befolgte. Diego Fernandez, *Historia del Perú*, erster Teil, Buch II, Kap. XIII, zit. Ausg., von *Crónicas del Perú*, I, S. 116, b - 117, b verweist auf andere Einflüsse, denen sich Pizarro ausgesetzt sah.
135 Jos, 1, S. 201.
136 Jos, 1, S. 201.
137 Jos, 1, S. 196; Vázquez, S. 469, b.
138 Andere Passagen aus dem Brief, bei Jos, 1, S. 197; Vázquez, S. 470, a. »Und halte nichts von dem Dienst, den Dir diese Auditoren, wie sie Dir schreiben, erwiesen haben wollen, denn dies ist ein großes Märchen, wenn sie es einen Dienst nennen, achthunderttausend Pesos aus deiner königlichen Kasse für ihre Laster und Schandtaten verschwendet zu haben. Bestrafe Sie wie Übeltäter, die sie sicher sind.«
139 Jos, 1, S. 198. Vázquez, S. 470, b - 471, a.
140 Die Sache mit den »Nominativen« muß Lope erbittert haben. Vázquez, S. 476, zitiert Lope mit einer Rede, in der dieser den »Marañones« beweisen möchte, daß, wenn nicht einmal »der König selbst ihnen von Rechts wegen verzeihen könne, ein kleiner Gouverneur, ein Bakkalaureat von *zwei Nominativen*, erst recht nicht dazu imstande wäre«.
141 Carmelo de Echegaray, *Las provinicas vascongadas a fines de la Edad Media. Ensayo histórico* (San Sebastían, 1895), S. 151-152.
142 Carmelo de Echegaray, *a.a.O.*, S. 152-157.
143 *Nueva recopilación de los fueros, privilegios, buenos usos y costumbres, leyes y ordenanzas de la muy noble y muy leal provincia de Guipúzcoa* (Tolosa, 1697), S. 341-346 (Kap. XLI).
144 *Crónica del halconero de Juan II, Pedro Carrillo de Huete*, hrsg. von J. de Mata Carriazo (Madrid, 1946), S. 160-161 (Kap. CLXV).

145 Carmelo de Echegaray, *a.a.O.*, S. 175.

146 In der bereits zitierten *Nueva recopilación de los fueros* ..., S. 346, a; 349 und 349, a - 351, b, wird der Wortlaut der Bestätigungen Johannes' II. (23. April 1453) und Heinrichs IV. (20. März 1457) bezüglich der Kämpfe wiedergegeben.

147 Fernando del Pulgar, *Crónica de los Reyes Católicos*, II, zit. Ausg., (Madrid, 1943), S. 73 (Kap. CXLVIII).

148 Fernando del Pulgar, *a.a.O.*, II, S. 98-99 (Kap. CLIV).

149 Fernando del Pulgar, *a.a.O.*, II, S. 252-253 (Kap. CXCVI).

150 In seinem Brief an den Provinzal spottete er mit einem sarkastischen Sprichwort über die Macht des Königs, die »weder Leben schenkt noch Wunden heilt« (»ni da vidas ni sana heridas«) (Vázquez, S. 458, a), was er anscheinend gerne wiederholte (siehe erneut Vázquez, S. 468, a). Es gibt überraschend viele Sprichwörter im Kastilischen, in denen abschätzig von den Königen die Rede ist. Vielleicht ist das darauf zurückzuführen, daß viele von ihnen im 15. Jahrhundert geprägt wurden, als die Könige keine gute Figur abgaben.

151 Jos, 1, S. 197; Vázquez, S. 470, a.

152 Jos, 1, S. 197; Vázquez, S. 470, b: »Als wir den Fluß Amazonas verließen, der dort Marañón heißt, las ich auf einer von Christen bewohnten Insel mit Namen Marquesa, einige Berichte aus Spanien über die schlimme Ketzerei der dortigen Lutheraner. Unter unseren Männern war auch ein Deutscher namens Monteverde, und ich ließ ihn in Stücke hacken«. Lope war zweifellos ein »Brachyloge«, das heißt, er bevorzugte die kurze, knappe Ausdrucksweise. Zu diesem Todesfall siehe auch Vázquez, S. 448, a.

153 Wir werden später darauf zurückkommen.

154 Jos, 1, S. 198; Vázquez, S. 470, b.

155 Jos, 1, S. 198, Vázquez, S. 471, a.

156 Jos, 1, S. 191; Vázquez, S. 457, b. Fray Pedro de Aguado beharrt als Mönch natürlich auf der rasenden Wut Aguirres gegen seine Brüder. Manchmal läßt er sich jedoch von übermäßig rhetorischen, übertreibenden Impulsen forteißen. So legt er Aguirre den Vorschlag in den Mund (III, S. 388, Buch X, Kap. LVII), zur Abschreckung aller, die es sehen sollten, aus der Haut oder dem Leder des Fray Francisco de Montesinos eine Trommel zu machen, und läßt sich anschließend in Betrachtungen über seinen Haß gegenüber den Männern der Kirche aus (II, S. 380-383, Buch X, Kap. LV).

157 *Crónica de Don Alvaro de Luna, condestable de Castilla, maestre de Santiago*, hrsg. von J. de Mata Carriazo (Madrid, 1940), S. 350 (Kap. CXIV allg.).

158 Vázquez, S. 466, b.

159 Vázquez, S. 468, b.

160 Ortiguera, *a.a.O.*, Kap. XLVII, S. 385, b.

161 Vázquez, S. 438, a; 442, a-b; 474, a; Ortiguera, Kap. XXVII, S. 351, a-b; XXIX, S. 354, a.

162 Die umfangreiche Literatur, die es hierzu gibt, macht es unnötig, mich näher über dieses Thema zu verbreiten, das früher sogar zu scharfen Auseinandersetzungen und gegenseitigen Anschuldigungen führte.

163 Vázquez, S. 462, a-b.

164 Siehe dazu meinen Kommentar zu Lope García de Salazar, *Linajes y bandos* (Bilbao, 1956, Nachdruck in Vasconiana (Madrid, 1957).

165 Julio Caro Baroja, *Las brujas y su mundo* (Madrid, 1961, v. a. S. 249-252.

166 Vázquez, S. 482, b.

167 Luis Martinez Kleiser, *Refranero general ideológico español* (Madrid, 1953), S. 204, b (Nr. 18.570).

168 Vázquez, S. 462, b.

169 Vázquez, S. 463, b.

170 Vázquez, S. 482, b.

171 Vázquez, S. 473, b.

172 Nach einer Aussage, die ein gewisser Cristóbal Gil in Santo Domingo am 28. August 1561 machte, der sich zur gleichen Zeit wie Aguirre auf der Insel Margarita aufgehalten hatte, ging jener nicht zu den Messen, die ein Pater Becerra las. Jos, 2, S. 103.

173 Lizarraga, *a.a.O.*, Teil II, Kap. XVII, S. 587, b.

174 Es handelt sich um den christlichen, das heißt den katholischen Glauben.

175 Vázquez, S. 483, a.

176 Julio Caro Baroja, *Los judíos en la España moderna y contemporánea*, I (Madrid, 1962), S. 489-498.

177 Es gab sie auch in Spanien, wie allgemein bekannt ist.
178 Vázquez, S. 483, b.
179 Jos, 1, S. 197; Vázquez, S. 470, a. Vergleiche hierzu das Sprichwort »Pocos son los reyes que van al infierno – porque son pocos, entiendo« (Wenige Könige kommen in die Hölle, ich nehme an, weil es nur wenige von ihnen gibt), Luis Martinez Kleiser, *Refranero general ideológico* (Madrid, 1943), S. 636, b (Nr. 55-696).
180 Jos, 1, S. 199; Vázquez, S. 471, a.
181 Jos, 1, S. 198; Vázquez, S. 471, a. »Was für eine Schande, mächtig wie Cäsar, Dein Vater ein Kaiser, hast Du mit der Macht Spaniens das stolze Germanien erobert und so viel Geld aus Amerika, das wir entdeckt haben, verschwendet! Beklage nur nicht unser Alter und unsere Müdigkeit, wenn uns eines Tages der Hunger tötet!«
182 Er bezieht sich auf das, was man aufgrund von Berichten und Erzählungen über El Dorado zu wissen glaubte.
183 Jos, 1, S. 200; Vázquez, S. 472, a.
184 J. Corominas, *Diccionario crítico etimológico de la lengua castellana,* II (Madrid, 1954), S. 22, b - 23, b.
185 Hernández behauptet dies: Jos, 1, S. 233.
186 Vázquez, S. 459, a.
187 Vázquez, S. 460, b.
188 Vázquez, S. 454, b.
189 Ortiguera, Kap. LII, S. 395, b - 396, a.
190 Juan Ignacio de Uria, »Lope de Aguirre, intento de aproximación entre tres citas y unas glosas«, in *Lope de Aguirre descuartizado,* S. 94.
191 Vázquez, S. 484, a: »Er war so aufrührerisch und von so schlechter Wesensart, das ihn kein Ort in Peru aufnehmen wollte und er aus allen verbannt war, und man kannte ihn nur unter dem Namen Aguirre, der Wahnsinnige«. Aguado, II, S. 519 (Buch X, Kap. XCII).
192 Lizarraga, Teil II; Kap. XVII, S. 587, a.
193 Vázquez, S. 483, a. In einer anderen Abschrift heißt es »mehr als sechzig«.
194 Jos, 1, S. 250-252.
195 Vázquez, S. 462, a.
196 Vázquez, S. 456, a; 460, a; 463, b; 479, b.
197 Vázquez, S. 466, a.
198 Vázquez, S. 482, a.
199 Herostrat steckte den Artemistempel in Brand, um für alle Zeiten berühmt zu werden.
200 Vázquez, S. 482, b.
201 Vázquez, S. 483, a: »Dieser Tyrann Lope de Aguirre war ein Mann von fast fünfzig Jahren, sehr schmächtig und von kleiner Gestalt; er hatte ein häßliches, kleines und ausgemergeltes Gesicht; wenn er einen fest ansah, schienen ihm die Augen aus dem Kopf zu fallen, besonders wenn er wütend war. Er war von scharfem und wachem Geist für einen Mann ohne Bildung«. Hernández (Jos, 1, S. 242) sagt, daß er »dunkle, blutunterlaufene Augen hatte und mit dem rechten Bein hinkte«. Der anonyme Bericht liefert ähnliche Einzelheiten und erwähnt darüber hinaus, daß er zahnlos war (Jos, 1, S. 250). In Jos, 2, S. 103, wird ein weiteres Zeugnis erwähnt, in dem von seinem Bart, seiner braunen Haut und seiner Zähigkeit die Rede ist.
202 Dennoch ist darauf hinzuweisen, daß der »Marañón« Alvaro de Acuña bereits 1561 aussagte, er habe gehört, wie Aguirre sich als »Zorn und Strafe Gottes« bezeichnete. Jos, 1, S. 189; Ortiguera, Kap. XLV, S. 380, b - 381, a. Siehe auch das Zeugnis das in Jos, 2, S. 103, angeführt wird.
203 Ortiguera, XXXVIII, S. 368, a; Kap. LIV, S. 399.
204 Ortiguera, XLV, S. 380, b - 381, a.
205 Vázquez, S. 477, a.
206 Vázquez, S. 454, a.
207 Vázquez, S. 483, b.
208 Ortiguera, Kap. XVI, S. 334, b - 335, a.
209 Ortiguera, Kap. XXII, S. 346, a; Kap. XXXII, S. 356, b.
210 Ortiguera, Kap. XXXIII, S. 358, b.
211 Ortiguera, Kap. XXXIV, S. 360, a; Kap. XXXVI, S. 364, a; Kap. XLV, S. 379, b; Kap. LI, S. 393, a-b.
212 Ortiguera, Kap. XXXV, S. 362, b.
213 Ortiguera, Kap. XXXIV, S. 361, a.

214 Vázquez, S. 455, b.
215 Ortiguera, Kap. XLVII; S. 383, b; Kap. LI, S. 393, a. Vázquez, S. 453, b - 454, a; S. 456, a; 476, a.
216 Vázquez, S. 455, a.
217 Arteche, S. 194, 290-292, hat diese Liebe besser als jeder andere Biograph analysiert.
218 Jos, 1, S. 250.
219 Jos, 1, S. 241. Vargas Zapata ist etwas knapper (Jos, 1, S. 217).
220 Vázquez, S. 481, b.
221 Ortiguera, *a.a.O.*, Teil II, Kap. LIV, S. 401, b - 402, a. Siehe auch Jos, 2, S. 145, bezüglich dessen, was der Lizenziat Echagoyen in einem Brief an den König, vom 2. Februar 1562, schreibt.
222 Vázquez, S. 473, a-b.
223 Vázquez, S. 482, b - 483, a.
224 Vázquez, S. 434, a und 446, b; Ortiguera, Kap. XXXVII, S. 367, a.
225 Vázquez, S. 482, a. Vergl. hierzu Aguado II, S. 526 (Buch X, Kap. XCI): »als Ketzer oder Heide«.
226 Ortiguera, Kap. LIV, S. 401, b.
227 Ortiguera, Kap. LIV, S. 398, a; siehe auch Kap. XLVII, S. 384, a. Im Arabischen gibt es ein ähnliches Sprichwort: »Küsse die Hand, die du nicht abschlagen kannst«.
228 Vázquez, S. 456, a.
229 Jos, 2, S. 139, gibt einen Brief des Auditors Cepeda an Philipp II. (15. September 1561) wieder: »Dieser Tyrann verfügt über die Mittel, um seine Leute zu halten, denn von der Beute behält er nichts für sich, sondern verteilt sie später«.
230 Ortiguera, Kap. LII, S. 395, b: »Alle möchten damit sagen, daß derjenige, der Lope de Aguirre gewarnt hatte, ein Dämon sei, der ihn immer begleitete und ihm Geheimnisse und Dinge wie diese offenbarte«. Dies bezog sich auf den Versuch der Rodríguez, ihn zu vergiften.
231 Der Bericht des anonymen Autors sagt von ihm er sei »der schlechteste Mensch, der seit Judas hier gelebt hat« (Jos, 1, S. 250). Vázquez, S. 482, a, führt denselben Vergleich an. Don Alonso de Ercilla hielt ihn, wie wir wissen, für schlimmer als Judas und als Nero.
232 Ortiguera, Kap. V, S. 312, a - 313, b.
233 Vázquez, S. 425, a-b.
234 Ortiguera, Kap. XVI, S. 335, a; Kap. XVII, S. 339, a; Kap. XIX, S. 340, b; Kap. XXVI, S. 349, a; Kap. XXVIII, S. 351, b - 352, b; v. a. Kap. XXXVII, S. 365-367, b.
235 Vázquez, S. 442, a; 446, b. Von dieser Leidenschaft spricht auch Hernández: Jos, 1, S. 237.
236 Vázquez, S. 445, a; Ortiguera, Kap. XXV, S. 363, a.
237 Vázquez, S. 450, b - 451, a, et passim.
238 Ortiguera, Teil II, Kap. LIV, S. 402, b - 403, b.
239 Ortiguera, Teil II, Kap. LIV. S. 402, b - 403, b
240 Jos, 1, S. 202-205 (Nr. 44-49), 208-209 (Nr. 61). Jos, 2, S. 142, gibt ein an den König gerichtetes Schreiben der Auditoren S. de Angulo, Echagoyen und Cáceres über die Angelegenheit der »Marañones« vom 13. November 1561 wieder, in dem diese folgendes schreiben: »man hört, daß die Leute, die ihn begleiten, unter dem Zwang seiner Grausamkeiten und seiner Tyrannei stehen...«
241 Aguado, I, S. 364 (Buch III, Kap. XX).
242 Aguado, I, S. 359-360 (Buch III, Kap. XX).
243 Aguado, I, S. 358-365 (Buch III, Kap. XX) faßt die Taten Aguirres zusammen, auf die er später im einzelnen eingeht.
244 Ich beziehe mich erneut auf meine Untersuchung dieses Textes in *Linajes y bandos* (s. Anm. 211).
245 Siehe die nachfolgende Untersuchung über die Taten des Pedro de Ursúa.
246 Vázquez, S. 449, b.
247 Vázquez, S. 455, b.
248 Vázquez, S. 471, b: »Und dann erlauchter König, verlangen wir weder Gunstbezeigungen in Córdoba (in Sevilla), noch in Valladolid, noch in ganz Spanien, das dir gehört...«. In Klammern wird eine Variante angegeben.
249 Jos, 1, S. 189. Acuña nennt dieselben Zahlen, Jos, 1, S. 184.
250 Jos, 1, S. 189.
251 Vázquez, S. 444, a.
252 Jos, 1, S. 212.
253 Jos, 1, S. 213.

254 Jos, 1, S. 214.
255 Jos, 1, S. 216.
256 Jos, 1, S. 251.
257 Vázquez beschreibt dessen Ende, S. 456, b.
258 Vázquez, S. 446, a-b.
259 Vázquez, S. 460, a.
260 Vázquez, S. 465, b.
261 Vázquez, S. 474, a.
262 Vázquez, S. 465, b, er nennt ihn einfach Arana.
263 Jos, 1, S. 78-79.
264 *A discourse of the West Indies and the South Sea, written by Lopez Vaz a Portugall, conteining divers memorable matters not to be found in any other writers, and continued unto the yere 1587*, Richard Hakluyt, *The principal navigations voyages traffiques and discoveries of the english nation*..., VIII (London, Dent), S. 153-206, aber v. a. S. 166-172.
265 *A.a.O.*, S. 167.
266 *Castellanos y vascongados, tratado breve, etc., documento hasta ahora inédito, publicado por Z**... (Madrid, 1876), S. 13-61.
267 *A.a.O.*, S. 27.
268 *A.a.O.*, S. 23-24, 37.
269 *España Sagrada*, XX, S. 299 (Buch II, Kap. XX).

Kapitel 3

1 In den Anmerkungen zu diesem Kapitel werden dieselben Abkürzungen und ähnliche Referenzen wie in der vorherigen Studie verwendet.
2 *Executoria de la nobleza, antigüedad y blasones del valle de Baztán, que dedica a sus hijos y originarios Juan de Goyeneche* (Madrid, 1685), III der *Executoria*.
3 Fray Pedro de Aguado, II, S. 105 (Buch IX, über das Kap. I), versieht dieses Buch mit einem allgemeinen Titel, in dem Ursúa folgendermaßen erwähnt wird: »Pedro de Ursúa, gebürtig aus einem Dorf namens Orsúa, etwa zwei Meilen von Pamplona in Navarra entfernt«. An einer weiteren Stelle, S. 262 (Buch X, Kap. XXII) ist er weniger genau. Dort heißt es, daß sich das Dorf »in der Nähe Pamplonas« befinde. Fray Pedro Simón, II, S. 277 (sechste Notiz, Kap. 1, Abschn. 1), schreibt, daß dieses Dorf »in der Nähe der himmlischen Stadt Pamplona« gelegen sei.
4 Ortiguera, *a.a.O.*, Kap. I, S. 307, a.
5 Vázquez, *a.a.O.*, S. 422, a.
6 Lizarraga, *a.a.O.*, Kap. XVII, S. 585, b. Ein eigenartiger Hinweis eines Autors, der Aguirre für einen Biskayer hielt.
7 Ortiguera, *a.a.O.*, Kap. I, S. 307, b.
8 Im Text steht fälschlich *zaheña* für *taheña* (= rotbärtig). Lizarraga, *a.a.O.*, Buch II, Kap. XVII, S. 586, a, erwähnt einfach, daß er »von angenehmer Gestalt« war.
9 Vázquez, *a.a.O.*, S. 436, b. Fray Pedro Simon, II, S. 319 (sechste Notiz, Kap. XI, Abschn. 2) verweist wiederholt darauf, daß er zarte Glieder hatte und rotbärtig war. Ansonsten folgt er – wie immer – Fray Pedro de Aguado, II, S. 262 (Buch X, Kap. XXII).
10 Jos, 1, S. 243.
11 Jos, 1, S. 209.
12 *Comentarios reales de los incas*, zweiter Teil, Buch VIII, Kap. XIV, *Obras Completas*, IV, B.A.E. (Forts.), CXXXV, S. 162, b.
13 *A.a.O.*, S. 163, a.
14 Juan de Castellanos, *Elegías de varones ilustres de Indias*, in B.A.E., IV, S. 156, a - 177, b.
15 Vázquez, S. 437, a.
16 Vázquez, S. 436, b.
17 Vázquez, a.a.O., zit. Ausg., S. 437, a.
18 Ortiguera, a.a.O., zit. Ausg., S. 339, b (Kap. XIX).
19 Jos, 1, S. 234. Er bezeichnet ihn wiederum als »Franzosen«.
20 Ortiguera, zit. Ausg., S. 307, b. z. B. Fray Pedro Simon II, S. 277-278 (sechste Notiz, Kap. I, Abschn. I) in der Zusammenfassung.
21 Jos, 1, S. 199.
22 Siehe die Ausgabe des Werkes von Fray Pedro de Aguado, von Becker, II, S. 88-90. Vergleiche

hierzu Cieza de Leon, *Guerra de Quito*, zit. in N.B.A.E., XV, S. 105, b (Kap. XCIX), *Historiadores de Indias*, II.

23 Nach einem Brief, der sich in der »Colección Muñoz«, Band LXXXIV befindet, in einem Auszug wiedergegeben von Bécker in der Anmerkung XI zum Kap. IX, Buch VIII des Werkes des Paters Pedro Aguado, II, S. 90.

24 Dies ist genau die Art von Rechtsgelehrter, die Aguirre – wie die vorhergehende Untersuchung gezeigt hat – am meisten haßte.

25 Dies tat auch Fray Pedro de Aguado, II, S. 106 (Buch IX, Kap. I), 144 (Buch IX, Kap. VII). In der Ausgabe von Bécker, II, S. 145, wird ein Brief vom 24. Juli 1545 wiedergegeben, in dem er ihn »meinen Vetter Pedro de Ursúa« nennt.

26 Brief, der in der vorherigen Anmerkung zitiert wird und aus der »Colección Muñoz«, Band LXXXIV, stammt.

27 Aguado, I, S. 239-287 (Buch III, Kap. I-VIII).

28 Aguado, II, S. 105-109 (Buch IX, Kap. I).

29 Aguado, II, S. 110-117 (Buch IX, Kap. II).

30 Aguado, II, S. 118-120 (Buch IX, Kap. III).

31 Aguado, II, S. 123 (Buch IX, Kap. IV).

32 Aguado, II, S. 120-121 (Buch IX, Kap. III). Auf Seite 121 lesen wir: »...und so errichten sie Häuserblöcke. Bei diesen handelt es sich um Quadrate, die aus vier gleichen Teilen bestehen. Auf jeder Vorderseite der Blöcke verläuft eine Straße, und die vier Teile des Quadrates sind vier Grundstücke, die – wie man möchte – an vier Personen oder an zwei vergeben werden, und so wächst und breitet sich die Siedlung vom Platz ausgehend aus. Dieser ist auch quadratisch, ein Quadrat aus vier Grundstücken – mit den entsprechenden Straßen, die von ihm ausgehen, insgesamt sind es acht, zwei an jeder Ecke –, von dem aus man die gesamte Siedlung bequem regieren, übersehen und beherrschen kann«.

33 Aguado, II, S. 127 (Buch IX, Kap. V).

34 Aguado, II, S. 132 (Buch IX, Kap. VI).

35 Aguado, II, S. 132-143 (Buch IX, Kap. VI und VII).

36 Aguado, II, S. 143-144 (Buch IX, Kap. VII).

37 Aguado, II, S. 156-157 (Buch IX, Kap. IX).

38 Aguado, II, S. 157-158 (Buch IX, Kap. IX).

39 Aguado, II, S. 165-168 (Buch IX, Kap. X).

40 Aguado, II, S. 183-185 (Buch IX, Kap. XII).

41 Aguado, II, S. 187-194 (Buch IX, Kap. XIII).

42 Aguado, II, S. 192-193 (Buch IX, Kap. XIII).

43 Aguado, II, S. 197-199 (Buch X, Kap. I).

44 Jos, 1, S. 39-40 faßt dies bereits zusammen.

45 Aguado, II, S. 198 (Buch X, Kap. I). Das Wort »sangría« (= Aderlaß) wird von Fray Pedro Simon, II, S. 279 (sechste Notiz, Kap. I und 3) verwendet.

46 Ortiguera, Kap. IV, S. 310, b - 311, a, liefert genügend Details darüber.

47 Aguado, II, S. 200-201 (Buch X, Kap. II).

48 J. Lucioa de Azevedo, »Política de Pombal relativa ao Brasil«, in *Novas Epanáforas, Estudos de história e literatura* (Lissabon, 1932), S. 30-31, 38-40 etc.

49 Lizarraga, Kap. XVII, S. 586, a, schreibt dies. Er fügt jedoch fälschlicherweise an (S. 587, a), daß sie zusammen mit dem Gouverneur getötet worden sei. Fray Pedro Simon, II, S. 289 (sechste Notiz, Kap. IV. Abschn. 1) schreibt, daß sie die Tochter von Blas de Atienza, wohnhaft in Trujillo, und die Witwe von Pedro de Arcos, wohnhaft in Piruta, war. Natürlich ist seine Quelle Fray Pedro de Aguada, II, S. 214 (Buch X, Kap. VII), der andeutet, daß Doña Inés keinen sehr guten Ruf hatte. Darauf hatte auch Pedro de Añasca in seinem Brief an Ursúa hingewiesen und jenem darüber hinaus davon abgeraten, Aguirre, Zalduendo und die anderen Männer, die sich gegen ihn verschwören sollten, mit auf die Expedition zu nehmen.

50 Vazquez, S. 433, a: »...und auch von Doña Inés, seiner Freundin, wurde gesagt, daß sie irgend etwas getan habe, damit er sich verändere und daß sie ihn verhext habe«. Dieses Gerücht unter den Soldaten erwähnen Hernández (Jos, 1, S. 233 und 234), Ortiguera, Kap. XVI, S. 334, a und Fray Pedro de Aguado, II, S. 249 (Buch X, Kap. XVII).

51 Ortiguera, Kap. XVI, S. 334, b. Hernández, der anscheinend mit Doña Inés sympathisierte, nennt kuriose Details über deren erzwungene Liebschaft mit Zalduendo, von dem Aguirre ironisch sagte, daß er ungepflegt herumlaufe und daß es wohl ausreiche, wenn er die Schönheit alle acht Tage aufsuche. Jos, 1, S. 235. Siehe außerdem Vargas Zapata (Jos, 1, S. 213).

52 Vázquez, *a.a.O.*, S. 454, b: »... und daß man alle schlechten Frauen, die wie sie auch aussähen, töten müßte, denn diese seien die Ursache von großem Übel und Ärgernissen in der Welt, und wegen einer, die der Gouverneur Orsúa mitgenommen habe, seien er selbst und viele andere gestorben«. Vgl. hierzu Alvaro de Acuñas Aussage, Jos, 1, S. 185.

53 Vázquez, *a.a.O.*, S. 434, a; Ortiguera, Kap. XXI, S. 342, a-b. Fray Pedro Simon, II, S. 314 (sechste Notiz, Kap. X, Abschn. 2) folgt Fray Pedro de Aguada, II, S. 265 (Buch X, Kap. XXII).

Nachwort

Man sagt Julio Caro Baroja nach, daß er die einzige große intellektuelle Persönlichkeit mit internationalem Ruf im heutigen Spanien sei, und daß er jedes Gebiet auf dem er arbeitet, verändert habe. In der Zeitschrift ›El Urugallo‹ lesen wir 1988: »Hier, in der modernen ›Hispania‹, ist er einer der wenigen, wenn nicht gar der einzige, der noch nicht zum Konformisten geworden ist.« Der solchermaßen Gefeierte ist ein sehr spezialisierter Nichtspezialist, der seine gar nicht zu überschätzende Wirkung auf die spanische und europäische Historiographie dem Umstand verdankt, daß er nicht auf wissenschaftliche Methoden und Gewohnheiten festgelegt ist, und stets entschiedene Distanz zur spanischen Universität gewahrt hat, der provinziellsten, konservativsten aller europäischen akademischen Institutionen. Offensichtlich fand Caro Baroja bei der Niederschrift seiner ersten Bücher den Weg, Probleme zu formulieren, von denen noch niemand ahnte, daß sie als Probleme existierten, als er schon begann, auf einer Tastatur zu spielen, die Ethnologie, Geschichte der verfolgten ethnischen Minderheiten und sozialen Bewegungen sowie Geschichte der Agrargesellschaften, der Technologie, Archäologie und Prähistorie umfaßte. In seinen Büchern begegnen wir poetischen Gebilden, materialisiert aus der Annäherung von Theorien und Konzepten, Quellen und Themen aus den bis vor kurzem entfernt liegenden Welten der Anthropologie und der Geschichte. Mit *Las brujas y su mundo* (Die Hexen und ihre Welt, 1961), *Los judíos en la España moderna y contemporánea* (Die Juden im modernen und zeitgenössischen Spanien, 1961), *Vidas mágicas e Inquisición* (Magische Leben und Inquisition, 1964), *El carnaval* (Der Karnaval, 1965), *La ciudad y el campo* (Die Stadt und das Land, 1966) gewann dieser höfliche, sarkastische und scharfsichtige Baske den Glanz eines Kometen. Besonders für diejenigen, die an einer historischen Anthropologie arbeiteten, nachdem sie aus der Autoritätskrise der Ethnologie die Erkenntnis gewonnen hatten, daß nach einem Jahrhundert der Beschäftigung mit den nicht-europäischen ›primitiven‹ oder Agrargesellschaften mehr Wissen über die Iks oder die Cargokult betreibenden Melanesier als über das soziale und kulturelle Leben Europas vorhanden war.

Julio Caro Baroja wurde 1914 geboren. Er stammt aus einer Familie, die im intellektuellen und literarischen Leben Spaniens Geschichte gemacht hat. Zur Generation der Baroja Ende des 19. Jahrhunderts gehörten die Geschwister Pio, der Romancier, Ricardo, Maler und Schriftsteller, und Carmen, eine Protofeministin, die den Verleger und Schriftsteller Rafael Caro Reggio heiratete – die Eltern von Don Julio. Heute, mit 76 Jahren, ähneln seine Stimme und seine Gestik immer mehr denen seines berühmten Onkels Pio Baroja, dem er die entscheidenden Anregungen in seiner Jugend verdankte. Der Kontakt mit der archaischen Gesellschaft des Baskenlandes bewirkten, daß er bereits vor seinem zwanzigsten Lebensjahr ein Experte in Fragen der Hexerei war. Zum Historiker wurde er während der II. Republik (1931-36); er hegte Ambitionen auf eine akademische Laufbahn. Den größten Teil des Bürgerkriegs verbrachte Julio Caro Baroja in völliger Abgeschiedenheit, in tiefer Depression, in Itzca, dem Haus von Don Pio in Vera de Bidazoa, nicht weit von Irún. Der Krieg zerstörte sein Netz von Beziehungen, zerstreute seine Familie. Obwohl selbst einer der Besiegten, emigrierte er nicht, wie fast 90% der spanischen Intellektuellen bis 1939, sondern schrieb zunächst seine Doktorarbeit. Während der 40er Jahre bekleideter er am Instituto Británico von Madrid einen bescheidenen Posten, und auch den erhielt er nur dank seiner Verwandtschaft mit Don Pio. Niemals hatte er Zutritt zur spanischen Universität.

Dank seinem Ruf als einziger spanischer Anthropologe avancierte er in den fünfziger Jahren fast zwangsläufig zum Direktor des Museo del Pueblo Español. 1963 wurde er Mitglied der Real Academica de Historia. In einem Interview Anfang der sechziger Jahre sagte er: »Meine Devise seit fünfundzwanzig Jahren lautet: ›Nicht in Konkurrenz treten, sich heraushalten‹«. Das mag, abstrakt gesehen, fast unmoralisch klingen. Doch wenn man das ganze Leben über mit ansehen mußte, daß Wissenschaft in Spanien eine Angelegenheit von erbärmlichem Nepotismus, ja einer Art »akademischen Drohnenlebens« bedeutete, kann diese Devise als die eines aufrichtigen und ehrlichen Menschen gelten. Doch nicht nur die internationale Resonanz seiner Bücher weist ihn als Erneuerer der Welt der Humanwissenschaften aus; auch eine mehr als tausendseitige Festschrift, die 1978 in Madrid erschien, beweist, daß man sogar in Spanien »Prophet im eigenen Land« werden kann.

Bereits in den dreißiger Jahren begann sich Caro Baroja für Sozial- und Kulturanthropologie zu interessieren, mußte aber feststellen, daß ihre Theorien und Techniken für die Erforschung Europas fast ohne Nutzen waren. Um sich von den Anthropologen abzugrenzen, bezeichnete er sich später als Sozialhistoriker. Auf dieser Ebene und mit Hilfe einiger Konzepte der Anthropologie versuchte er sich an einer Systematik, die dann allerdings völlig anders aussah als man auch nur ahnen konnte. So ist das Denkverfahren Don Julios nicht nur als doppelte Entmystifizierung, als Aufklärung der Aufklärung zu bezeichnen. Gewiß, Ansatzpunkt ist die Überprüfung der wissenschaftlichen Allgemeinplätze über Gesellschaft und Geschichte als Ideenkonstellationen. Der berühmt gewordene Aufsatz über »Die Stadt und das Land oder eine Diskussion über alte Gemeinplätze« (1959) gilt als seine Abhandlung über die Methode. Hier weist er die den Agrargesellschaften eigene Historizität nach und artikuliert zwei Grundinteressen: Die Passion für die »kleine Geschichte«, die Geschichte der Veränderungen des Lebens auf der Ebene der Familie, des Gemeinwesens, der Region als Kritik einer analytischen Strategie, die allein die Strukturen und Prozesse der »großen Geschichte« zum Gegenstand hat; und die Passion für die topologischen Erscheinungsformen der sozialen Strukturen, des räumlichen Ausdrucks der sozialen Organisation. Er betrachtet sie als Erscheinungsformen der geographischen und sozialen Bedingungen des Ortes und der kulturellen Modelle der Bewohner, sowie als strukturierten Raum des Lebens eines jeden, der dieses kulturelle System teilt. Damit wird die Veränderung der räumlichen Dimensionen topologischer Erscheinungsformen zu einer Schlüsseldimension sozialer Veränderung.

Einer der grundlegenden Bereiche, die Caro Baroja erforschte, die Welt ethnischer und kultureller Repression und Verfolgung, hat einen bemerkenswert aktuellen Charakter. In seinen Arbeiten über Mauren und Juden lenkte er die Aufmerksamkeit auf die dauernde Instabilität ethnischer Identität, die sich immer neu anpaßt, um durch interne Metamorphosen äußerem Druck auszuweichen. Die duale Dimension der Ethnizität ist eine Funktion gegenseitiger Wahrnehmung zwischen Selbst- und Fremdbildkonstitution bei Minderheiten und Mehrheiten in konfliktiven Gesellschaften. Was das Universum der Hexen und Inquisitoren betrifft, hat Caro Baroja die Welt der magischen Vorstellungen rekonstruiert, in der die offizielle Macht die Existenz von Magie und Hexen für selbstverständlich hielt und die Hexen daran glaubten, sie selbst besäßen magische Kräfte. Sein Interesse für die Formen symbolischen Handelns und die verschiedenen Kategorien von Symbolen ließ ihn auch das ›Volksdenken‹ *(mente popular)* erforschen, mitsamt der möglichen Grammatik, die es organisiert.

Mit seinen zwei Erfindungen, den ›magischen Leben‹ und den ›Berufsbildern‹ bereicherte Caro Baroja die Kunst der Biographie, ausgehend von der Auffassung, daß Leben Erzählung ist. Zur Ergründung der »magischen Mentalität« beschreibt er das Leben von Hexenlehrlingen, Horoskopstellern, Teufelspaktierern, Nigromanen, Kabbalisten oder Hexen, die im Spanien des 16. und 17. Jahrhundert in ihrem Glauben an die Macht der Magie handelten und dachten. Von den ›Berufsbildern‹ lernen wir hier drei kennen: den Inquisitor, den Verräter und den Caballero. Um die historischen Figuren einzufangen und den rhetorischen und novellesken Schemata, in denen Leben und Zeit miteinander in Verbindung gebracht zu werden pflegen, zu entgehen, verfährt Don Julio nach einer anthropologischen Methode. Er zeichnet sie von den Grundbegriffen ausgehend, die die Gestalten von sich und ihrer Umwelt haben und die auf ihren Leben lasten, ihre Handlungen entscheidend mitbestimmen und in die Entwicklung der Geschehnisse eingreifen. Die »magischen Leben« enthüllen Existenzen, die sich den Formeln der Historiographie, die später aufkam, vollkommen entziehen. Die ›Berufsbilder‹ liefern den Schlüssel für »unverständliche« Handlungen und Existenzen und eröffnen dem Verständnis des Anfangsstadiums der europäischen Moderne neue Perspektiven.

Carlos Rincón

Arlette Farge

Das brüchige Leben

Verführung und Aufruhr im Paris des 18. Jahrhunderts

In drei großen Kapiteln beschreibt die Autorin die Geschichte des »peuple«, der einfachen Leute, in der brüchig gewordenen »Alten Ordnung« des vorrevolutionären Paris. Ein kaleidoskopischer »Gegenroman«, dem die Protokolle von den Zusammenstößen des Volkes mit der Macht zugrundeliegen.

Aus dem Französischen von Wolfgang Kaiser

Allgemeines Programm. Englische Broschur. 336 Seiten mit vielen Bildern

Roger Chartier

Die unvollendete Vergangenheit

Geschichte und die Macht der Weltauslegung

»Erfreulicherweise ist jetzt ein Sammelband erschienen, der mit acht Aufsätzen einen geschickt ausgewählten Querschnitt durch Chartiers Schaffen bietet.«

Max Grosse in der FAZ

Allgemeines Programm. Englische Broschur. 160 Seiten

Carlo Ginzburg

Hexensabbat Entzifferung einer nächtlichen Geschichte

»Was Ginzburgs *Hexensabbat* so aufregend macht, ist die Tatsache, daß er das vertraute Interpretationskorsett, in welches das Hexenphänomen so lange gezwängt war, mit überzeugenden Argumenten sprengt.

Darüber hinaus ist das Buch von Ginzburg das Dokument einer großartigen Erzählkunst. Der Mann ist ein wahres Erzählgenie, das eine spröde wissenschaftliche Materie in die literarische Gestalt des Romans zu transformieren vermag.«

Hans-Martin Lohmann im SWF

Allgemeines Programm. Englische Broschur. 320 Seiten mit Abbildungen

Mentalitäten-Geschichte

Herausgegeben von Ulrich Raulff

»Der Band eröffnet auch für Nicht-Historiker faszinierende Einblicke in eine der besten wissenschaftlichen Debatten der letzten Jahre.«

Herfried Münkler in der Süddeutschen Zeitung

Wagenbach: Taschenbuch 152. 192 Seiten